Christina Meissner

Die jüdische Gemeinde in Witten

Christina Meissner

Die jüdische Gemeinde in Witten

Von den Anfängen bis zur Gegenwart

Fromm Verlag

Imprint
Any brand names and product names mentioned in this book are subject to trademark, brand or patent protection and are trademarks or registered trademarks of their respective holders. The use of brand names, product names, common names, trade names, product descriptions etc. even without a particular marking in this work is in no way to be construed to mean that such names may be regarded as unrestricted in respect of trademark and brand protection legislation and could thus be used by anyone.

Cover image: www.ingimage.com

Publisher:
Fromm Verlag
is a trademark of
International Book Market Service Ltd., member of OmniScriptum Publishing Group
17 Meldrum Street, Beau Bassin 71504, Mauritius

Printed at: see last page
ISBN: 978-613-8-36408-5

„To forget the dead would be akin to killing them a second time“

(Elli Wiesel)

In Gedenken an die Mitglieder der ehemaligen jüdischen Gemeinde Wittens.

Inhaltsverzeichnis

1. Vorbemerkungen

1.1 *Zur Wahl des Themas*

In der vorliegenden Arbeit wird die Geschichte der jüdischen Gemeinde in Witten beginnend bei der Entstehung Mitte des 19. Jahrhunderts bis hin zum jüdischen Leben im 21. Jahrhundert dargestellt.

Zudem geht es um die Kultur und Spiritualität der ältesten monotheistischen Religion, wodurch thematisch ein enger Bezug zum Masterlehrgang gegeben ist.

Das Judentum ist seit langer Zeit immer wieder religiösen, ideologischen und politischen Anfeindungen und Verfolgungen ausgesetzt. In der Geschichte hat dabei die Schoah eine immens grausame Bedeutung. Die Geschichte und die Erinnerung an dieselbe ist wichtig, um dem Vergessen vorzubeugen und Handlungsmöglichkeiten für die Gegenwart zu eröffnen und zu verbessern. Die Erinnerung darf nicht enden, vielmehr soll sie zur Wachsamkeit mahnen. Es war mir somit ein Bedürfnis, die Geschichte meiner Geburtsstadt Witten mit der Geschichte der Juden ein kleines Stück weit zu vervollkommnen und dem Vergessen entgegen zu wirken, ist doch die jüdische Geschichte sowohl ein Teil der Geschichte der Stadt Witten als auch der Gesamtgeschichte.

Weiterführende Informationen über das gegenwärtige jüdische Leben in Witten und im Ruhrgebiet werden in dieser Arbeit nur kurz aufgegriffen, Erkundungen darüber stehen noch aus.

Im Hinblick auf die Zunahme des Islams, vor allem im Ruhrgebiet, hat sich die Bedeutung und der Einfluss des jüdischen Lebens, der Kultur und des jüdischen Glaubens vor allem in der Multikulturalität des Ruhrgebiets gewandelt und ist auch heute wieder besonders aktuell.

1.2 *Die Zielsetzung der Arbeit*

Die grundsätzliche Fragestellung dieser Arbeit ist die nach der Geschichte bzw. Entwicklung der jüdischen Gemeinde in der ruhrgebiets-typischen Stadt Witten von ihrem Beginn bis ins 21. Jahrhundert, unter Berücksichtigung des historischen Gesamtzusammenhangs.

In zwei Schwerpunkten sollen die Entstehung der jüdischen Gemeinde in Witten und ihr florierendes religiöses Leben einerseits sowie der langsame Prozess der

Vernichtung während der Zeit des Nationalsozialismus anderseits dargestellt werden. In diesem Zusammenhang soll die Rolle der evangelischen und katholischen Kirche in Witten bzw. deren Verhältnis zur jüdischen Gemeinde und zum Nationalsozialismus untersucht werden. Darauf aufbauend sollen die Folgen für das jüdische Leben in der Gegenwart ermittelt werden.

1.3 *Der Aufbau der Arbeit*

Nach einer kurzen Einführung zur Stadt Witten im Ruhrgebiet wird in einem ersten Schwerpunkt über die Entstehung der jüdischen Gemeinde im damaligen Dorf Witten und über ihr florierendes Gemeindeleben bis zur Machtergreifung der Nationalsozialisten im Jahre 1933 berichtet.

Dabei hat der erste Abschnitt die soziale Struktur der Gemeinde zum Gegenstand, also die soziale Gliederung bzw. ihre demographische Entwicklung.

Die darauf folgende Analyse der Bestattungskultur, der Gebetshäuser und der Architektur der Wittener Synagoge gibt Aufschluss über das religiöse Selbstverständnis der Gemeinde. Ein kurzer Einblick in das jüdische Schulwesen in Witten beendet den ersten Schwerpunkt.

In einem zweiten Schwerpunkt wird die Zeit von 1933 bis 1945 untersucht, in welche die Schoah fällt. Bewusst wird in dieser Arbeit durchgehend der biblische Begriff Schoah an Stelle von Holocaust verwendet, um das Unheil zu beschreiben, ohne einen Opfercharakter zu implementieren.

Hier stehen verschiedene Verfolgungsmaßnahmen sowie ihre Auswirkung auf die jüdische Gemeinde im Vordergrund, bis darauffolgend über die Auswanderung und die 1942 auch in Witten einsetzenden Deportationen berichtet wird. Ferner wird auf das in Witten ehemals bestehende KZ-Außenlager des Konzentrationslagers Buchenwald eigens eingegangen.

Die anschließende kurze Betrachtung des Verhältnisses der christlichen Bevölkerung zu den jüdischen Mitbürgern gibt Aufschluss über das divergierende Verhältnis von Protestanten und Katholiken zum Antisemitismus sowie deren Einfluss und Akzeptanz im Hinblick auf den Nationalsozialismus.

Im letzten Abschnitt wird das gegenwärtige jüdische Leben als Konsequenz der nationalsozialistischen Terrorherrschaft beschrieben und vorausblickend offene Fragen betrachtet.

Generell wird in dieser Arbeit aus Gründen der leichteren Lesbarkeit die gewohnte männliche Sprachform bei personenbezogenen Substantiven und Pronomen verwendet. Dies impliziert allerdings keine Benachteiligung des weiblichen Geschlechts, sondern ist im Sinne der sprachlichen Vereinfachung als geschlechtsneutral zu verstehen.

2. Einleitung

2.1 *Jüdische Geschichte als integraler Bestandteil des Ruhrgebiets*

Jüdische Geschichte war und ist sowohl ein Teil der Geschichte des Ruhrgebiets und der zu diesem gehörenden Stadt Witten als auch der Gesamtgeschichte.
Diesbezüglich seien an dieser Stelle nur einige historische Ereignisse genannt, die von Bedeutung für die deutsch-jüdische Beziehungsgeschichte sind:
Seit mehr als 1.700 Jahren leben in den Ländern und Regionen Mitteleuropas Juden. Speziell in Deutschland konzentrierte sich die Besiedlung von jüdischen Gemeinden in den durch die Römer gegründeten Städten an der linksrheinischen Nord-Süd Straße. Die früheste jüdische Besiedlung in der Nähe des Ruhrgebiets lag in Köln.
Auf der rechtsrheinischen germanischen Seite des Rheins sowie nördlich der Donau sind historisch keine jüdischen Siedlungen in der Antike bis zu Beginn des Frühmittelalters nachweisbar.
Am Ende des 9. Jahrhunderts wanderten verstärkt jüdische Kaufleute aus Italien in den Norden. Die hiesigen Herrscher wollten deren Handels- und Wirtschaftskraft nutzen und stellten den Juden bzw. ganzen jüdischen Gemeinden Schutzbriefe aus.
Diese weitergehend spannungsfreie Koexistenz von Christen und Juden wurde durch die Kreuzzüge beendet. Unter dem Motto "Taufe oder Tod" wurde die Mehrzahl der Juden, auch in Köln, getötet. In den folgenden Jahren konnten sich die jüdischen Gemeinden zwar stabilisieren, aber es taucht immer wieder eine Pogromstimmung auf.[1]
Trotzdem kam es in den nächsten Jahrhunderten zu einer geographischen Ausdehnung der jüdischen Bevölkerung, auch im Bereich des heutigen Ruhrgebiets.

---

[1] Vgl. Jakli - Becker, B.: Zur Geschichte der Juden im rheinisch-westfälischen Raum, in: Reicher, B. (Hrsg.): Jüdische Geschichte und Kultur in NRW. Duisburg 1988, 14.

Zunächst gab es vor allem in den größeren Städten jüdische Niederlassungen, ab dem 12. Jahrhundert gab es solche jedoch auch in kleineren Orten. So wuchs u.a. durch das christliche Zinsverbot die Anzahl der Juden und jüdischen Gemeinden im deutschsprachigen Raum, da die wohlhabenden jüdischen Kaufleute das Kreditgeschäft bedienen konnten.

Es entstand Hass auf die Juden, denen man zwar in der Kreditwirtschaft eine notwendige Funktion zubilligte, die aber zugleich aufgrund der dadurch entstehenden Abhängigkeit und Verschuldung gefürchtet wurden.

Die Pest, welche 1348/49 durch Europa zog, diente nun als gelegener Anlass den aufgekeimten Hass gegen die Juden auch in die Öffentlichkeit zu tragen. So wurden die Juden als Urheber der Seuche, welche auch in Witten herrschte, verdächtigt.

Erst die Besetzung der rheinischen und westfälischen Gebiete Ende des 18. Jahrhunderts und der folgenden Jahre zu Beginn des 19. Jahrhunderts durch die Franzosen brachte einen politischen und sozioökonomischen Umbruch mit sich, welcher zu rechtlichen und gesellschaftlichen Emanzipation der jüdischen Bevölkerung führte.

Nun durften Juden in einer Vielzahl von Berufen arbeiten und die räumliche Mobilität war nicht mehr durch gesetzliche Vorschriften begrenzt.

Durch die prosperierenden Handelsrouten und die Verstädterung siedelten sich nun auch verstärkt jüdische Handwerker und Ackerbürger im heutigen Ruhrgebiet an. Durch den massiven Kohleabbau, die Schwerindustrie und die Industrialisierung wuchs die Bevölkerungsanzahl, auch der Juden, im Ruhrgebiet erheblich. Einzelne Eisenhütten bildeten frühe Kerne der Industrialisierung. Ein Ausgangspunkt des Bergbaus im Ruhrgebiet war das Muttental bei Witten, so wurde der Bergbau und die Eisen- und Stahlproduktion ab dem 19. Jahrhundert dort industriell betrieben.

Das Ruhrgebiet, das eigentlich erst ein Produkt der Hochindustrialisierung in der zweiten Hälfte des 19. Jahrhunderts ist, weist nicht nur Parallelen zu den Entwicklungen in anderen Regionen Deutschlands auf, sondern leistet auch einen eigenständigen Beitrag zur jüdischen Geschichte in Deutschland.

So profitierte von dem explosionsartigen Wirtschaftsaufschwung des Ruhrgebiets eine kleine jüdische Oberschicht. Es bildete sich im Ruhrgebiet ein jüdisches Besitz- und Bildungsbürgertum, das sich im öffentlichen Leben der Städte in vielerlei Hinsicht engagierte.

Der gestiegene Wohlstand der jüdischen Bevölkerung im Ruhrgebiet wurde in der Vielzahl der prunkvollen Synagogenbauten nach der Reichsgründung deutlich.[2] Folglich wurden die kleinen Bethäuser durch repräsentative Prunkbauten ersetzt, die aufgrund ihrer aufwendigen Außenarchitektur und ihrer künstlerisch gestalteten Innenarchitektur das Bild der Städte im Ruhrgebiet, so auch der Stadt Witten, erheblich prägten. Diese herausragenden Bauten im Ruhrgebiet wurden am 9. November 1938, mit Ausnahme der Essener Synagoge, alle zerstört. Auch das Ruhrgebiet stellte einen nicht unwesentlichen Schauplatz der Geschichte des Judentums unter nationalsozialistischer Gewaltherrschaft dar, bot aber zugleich den Opfern noch einen begrenzten Spielraum. Es wurde nämlich die Reichsvereinigung der deutschen Juden 1933 gegründet, welche bis 1943 bestand und deren Zielsetzung es war, die Interessen der jüdischen Bevölkerung im Ruhrgebiet so gut wie möglich gegenüber dem deutschen Staat zu vertreten. Außerdem wurde im Jahre 1933 der jüdische Kulturbund Rhein-Ruhr gegründet. Im Nachhinein hat die Kultur des Ruhrgebiets viele Juden im Nationalsozialismus zum Verbleib in Deutschland bewogen, was ihnen zum Verhängnis wurde.

Die im Revier lebenden Menschen haben sicherlich nicht mit großer Begeisterung die Gesetze des Nationalsozialismus befolgt, aber sie verhielten sich bei den Zwangsmaßnahmen gegen die Juden ebenso indifferent und unsolidarisch wie die Gesamtbevölkerung Deutschlands.[3]

Das in diesem Kontext stehende Schicksal der jüdischen Bevölkerung in Witten wird im Folgenden detailliert dargestellt.

2.2 *Witten - eine Stadt im Ruhrgebiet*

Die Geschichte Wittens ist eng mit der Geschichte des Ruhrgebiets verbunden.

Die älteste Erwähnung des heutigen Stadtteils Herbede geht auf das Jahr 851 zurück.

Witten selbst wurde erstmals in einer Urkunde im Jahre 1214 erwähnt.

Witten war seit der Reformation ein fast durchgehend protestantisches Dorf, welches sich bald in einem rasanten Prozess der Industrialisierung befand.

---

[2] Vgl. Barbian, J.: „Wenn ich dich liebe, dann geht es dich an. *Jüdische Geschichte als integraler Bestandteil der Ruhrgebietsgeschichte*, in: Barbian, J.; Brocke, M.; Heid, L. (Hrsg.): Juden im Ruhrgebiet. *Vom Zeitalter der Aufklärung bis in die Gegenwart*, Essen 1999, 16.

[3] Vgl. Ebd., 13

Wann genau der Steinkohlenbergbau an der Ruhr begonnen hat, lässt sich, wie an anderen Stellen des Ruhrgebiets, nicht feststellen. Die frühesten Nachweise für betriebene Zechen finden sich für das 17. Jahrhundert im Muttental, somit um einiges später als in anderen Städten des Ruhrgebiets. Im 17. Jahrhundert wurde Witten erstmalig während des Holländischen Krieges von den Franzosen besetzt, zum zweiten Mal im 18. Jahrhundert während des Siebenjährigen Krieges und mit der dritten französischen Besatzungszeit von 1806 bis 1813 endet die bis 1806 bestehende Zugehörigkeit Wittens zur preußischen Grafschaft Mark.

In der gesamten Grafschaft Mark waren höchstens 13.100 Katholiken registriert. Demzufolge gehörte die Grafschaft Mark zu den größten Diasporagebieten innerhalb des damals zuständigen Erzbistums Köln.

Nach der Säkularisation des Erzstifts Köln und der Niederlage Preußens gegen Napoleon gehörte Witten vorübergehend zum preußischen Gouvernement zwischen Weser und Rhein und ab dem Jahre 1815 endgültig zu Preußen, bzw. zur Provinz Westfalen.[4]

Nun achtete die Regierung Preußens darauf, dass die Grenzen der staatlichen Verwaltungsbezirke und der Diözesen sich nicht erheblich unterschieden. Folglich musste das Erzbistum Köln auf seine in der Provinz Westfalen liegenden Pfarreien verzichten. Witten fiel nun dem Erzbistum Paderborn zu. Jedoch gab es zu diesem Zeitpunkt im Dorf Witten, in welchem um 1800 ca. 1.200 Menschen lebten, keine Katholiken

Dem bisherigen Dorf Witten wurden 1825 Stadtrechte verliehen, es wurde nun offiziell zur Stadt Witten deklariert. In diese wurde 1921 die Gemeinde Heven eingegliedert und die weiteren Gemeinden Annen, Stockum, Düren sowie Teile von Bommern. Auch in diesen lebten zum damaligen Zeitpunkt keine Katholiken. Dies galt auch um 1800 für die 1975 mit Witten vereinigte Kleinstadt Herbede. So ließen sich in Witten ebenso wie an vielen anderen Orten des Ruhrgebiets Katholiken erst mit Beginn der Industrialisierung nieder. Nach der ersten Phase der Industrialisierung 1838 hatte sich die Anzahl der Einwohner in Witten verdoppelt. So wurden katholische Einwohner Wittens erstmalig 1818 registriert.[5]

---

[4] Vgl. Sobotka, B.: Witten an der Ruhr: *Aus Vergangenheit und Gegenwart*, Witten 1995.

[5] Vgl. Schoppmeyer, H. (Hrsg.): Geschichte der Pfarrgemeinde St. Marien zu Witten. *Festschrift aus Anlaß des einhundertundfünfzigjährigen Bestehens der katholischen Pfarrgemeinde St. Marien zu Witten*, Witten 1996, 31.

Dies war erst kurz nachdem sich der erste jüdische Einwohner Abraham Abraham um 1810 in Witten niederließ.[6]

Im Jahre 1818 hatte das Dorf Witten 1601 Einwohner davon waren 58 Personen katholisch, 1483 evangelisch-lutherisch, vier jüdisch und 56 Angehörige sonstiger Bekenntnisse. Die Zahlen nahmen nun stetig zu, bis 1839 hatte sich die Katholikenanzahl auf 238 erhöht. In Annen lebten zudem 32, in Stockum drei, in Düren sechs und in Heven fünf Katholiken.[7] Das gesellschaftliche Leben der Katholiken in Witten wuchs weiter mit dem Bau der katholischen Marienkirche, deren Grundsteinlegung im Jahre 1846 stattfand. Bald darauf am 7. November 1858 wurde als erstes Krankenhaus in Witten das katholische Marienhospital eingeweiht.

Die im Zentrum Wittens gelegene evangelische Johanniskirche ist dahingegen schon bedeutend früher aus einer 1214 erstmals beurkundeten Pfarrkirche hervorgegangen, die Johannes dem Täufer und Dionysius von Paris geweiht war.

Die Einwohnerzahl der Stadt Witten nahm nun stetig zu, 1929 zählte Witten mit den eingemeindeten Vororten bereits 73.288 Einwohner.

Die Konfessionszugehörigkeit betrachtend überwogen wie vor dem ersten Weltkrieg die verschiedenen evangelischen Glaubensgemeinschaften, insgesamt 49.224 Personen. Im Gegensatz dazu betrug die Anzahl der katholischen Einwohner nur 18.141 Personen. Abgesehen von diesen beiden Konfessionen waren 7,2 Prozent konfessionslos oder gehörten anderen christlichen Glaubensrichtungen, wie z.B. den Baptisten etc. an. Die jüdische Gemeinde hatte 1933 lediglich noch 297 Mitglieder.[8]

Dieser Hintergrund der konfessionellen Fragmentierung ist bedeutend, um das Verhältnis der Christen zur jüdischen Gemeinde in Witten betrachten zu können.

Witten als Stadt mit industrieller Bedeutung, u.a. durch den Bergbau, wurde während des zweiten Weltkrieges Ziel von etlichen Luftangriffen.

---

[6] Vgl. Kliner-Fruck, M.: Witten, in: Göttmann, F. (Hrsg.): Historisches Handbuch der jüdischen Gemeinschaften in Westfalen und Lippe. Die Ortschaften und Territorien im heutigen Regierungsbezirk Arnsberg, Münster 2016, 813.

[7] Vgl. Schoppmeyer, H. (Hrsg.): Geschichte der Pfarrgemeinde St. Marien zu Witten, 32.

[8] Vgl. Schoppmeyer, H.: Witten. Geschichte von Dorf, Stadt und Vororten. *Zweiter Band Geschichtliche Umbrüche, Kontinuitäten und beschleunigter Wandel in den vergangenen einhundert Jahren*, Witten 2012, 26.

3. Die Zeit der jüdischen Gemeinde in Witten bis 1933

3.1 *Die Entstehung der jüdischen Gemeinde*

3.1.1 Demographische Entwicklung

Der Zuzug jüdischer Menschen nach Witten begann erst Anfang des 19. Jahrhunderts. Urkundlich belegt ist der erste jüdische Einwohner Wittens um 1810. So steht in der Urkunde über die Geschichte der jüdischen Gemeinde zu Witten und den Bau ihres neuen Tempels geschrieben, dass sich Abraham Abraham zu diesem Zeitpunkt in Witten niederließ:

„Über die Anfänge der hiesigen jüdischen Gemeinde liegen zwar keine aktenmäßigen Angaben vor, doch darf als verbürgt angenommen werden, dass vor dem Jahre 1810 kein Jude in Witten wohnte. Um das Jahr 1810 ließ sich Abraham Abraham hier nieder.“[9]

Abraham Abraham war als Metzger in Witten tätig, er nahm später den Namen Hirsch an.

Im weiteren Verlauf der ersten Hälfte des 19. Jahrhunderts wuchs die jüdische Bevölkerung in Witten nur allmählich. Für das Jahr 1812 wird eine vierköpfige Familie in Witten urkundlich erwähnt. Als weitere Einwohner folgten Abraham Weinberg, ebenfalls als Metzger tätig, Joseph Spiegel und Levy Cahn, der wie später viele Juden Wittens, als Viehhändler tätig war. Im Jahre 1838 lebten in Witten schließlich schon sechs jüdische Familien.

Bereits 1846 waren folgende erwerbstätige Juden für Witten verzeichnet: Levi und Martin Cahn, Abraham Abraham Hirsch sowie Philipp, Nathan, Nettchen und Emanuel Mildenberg, Isaac Moses Spiegel und Philipp Moses spiegel sowie Samuel Joel Stern, Esther Markus Sternfeld und zuletzt Abraham und Joseph Weinberg.[10]

In der Urkunde, die 1885 für den Grundstein der Synagoge in Witten verfasst wurde, werden folgende, überwiegend männliche jüdische Einwohner, erwähnt: Lemann Rosenthal, Salomon und Elias Hanf, Meier Adler, Josef Neustädter, Phillipp Stern, Leser Klein, Samuel Buchthal, Samson Stein, Moritz Lindenbaum, Markus Rosenthal, Jakob Ostwald, Samuel und Siegmund Wolfstein, Markus Grünebaum, Ascher Löwstein, Simon Herz, Jakob Heilbronn, Samuel Grünebaum, Nathan Mildenberg, Emanuel Rosenbaum, Georg Levy, Samuel Lindenbaum, van Pels, Georg und Julius

---

[9] Urkunde über die Geschichte der jüdischen Gemeinde zu Witten und den Bau ihres neuen Tempels. Stadtarchiv Witten.

[10] Vgl. Göttmann, F. (Hrsg.): Historisches Handbuch der jüdischen Gemeinschaften in Westfalen und Lippe, 813.

Blank, Luis Leiser, Salomon Elsbach, Simon und Moritz Rosenberg, Luis Müller, Jakob Stern, Levy Schartenberg, Hermann Lielienfeld, Baruch Blank, Jakob Klein, Salomon Klein, Isaac Rosenbaum, Abraham Rosenbaum, Thekla und Pauline Lielienthaal, Johann Rosenstein, Coppel Dessauer, Emanuel Katz, M. Bär, Henriette Rosenthal, Moses Haase, Bernhardine Rosenthal und Jakob Rosenberg. Ferner gehörten nach dem Gemeindestatut 1885 die Familien Josef Weidenbaum und Moritz Block aus Langendreeer, M. Jungbluth aus Stockum und Julis Weinberg aus Heven zur jüdischen Gemeinde Witten.[11]

In der zweiten Hälfte des 19. Jahrhunderts nahm die jüdische Bevölkerung in Witten weiter zu. Vor allem die Gewährung der Gewerbefreiheit, durch das in Preußen erlassene Gesetz über die Gesetze und Verhältnisse der Juden, führte zu immensen Wanderbewegungen der jüdischen Bevölkerung aus den ländlichen Gebieten in die Städte. Folglich stieg mit der Hochphase der Industrialisierung seit Mitte des 19. Jahrhunderts auch die Zuwanderung von Juden in das überwiegend protestantische Witten. Vor allem zogen Kleinhändler ins Ruhrgebiet und viele von ihnen erlangten einen wirtschaftlichen Aufstieg in die Kaufmannsschicht. Demzufolge wohnten 1885 bereits 76 jüdische Familien in Witten.

In den folgenden Jahren nahm die jüdische Bevölkerung Wittens, durch die Einwanderung vieler Juden aus dem Osten Europas noch mehr zu. Dies war die Konsequenz einer großen Wanderbewegung, die seit Beginn der Pogrome im Zarenreich mehr als zwei Millionen Juden aus dem Osten Europas nach Übersee führte. Die meisten der jüdischen Einwanderer waren russische oder österreichische Staatsangehörige, die vor den Pogromen der Zaren oder Hungersnöten aus Galizien geflohen waren.

Die Grafik unten zeigt, dass in Herbede zwischen 1815 und 1895 die Anzahl der jüdischen Bürger von 15 auf 87 Personen anstieg. Die jüdische Gemeinde in Witten hatte 1924 ihren Höhepunkt mit 460 Mitgliedern. Diese Zahlen waren ab da für Herbede und Witten bis 1933 rückläufig. Denn während der wirtschaftlichen Krise in der Weimarer Republik, die sich seit 1923 im wirtschaftlichen Niedergang auch der Stadt Witten zeigte, wanderten einige Juden aus. Schließlich lebten in Witten im Jahre 1933 bei einer Einwohnerzahl von 72.580 Personen nur noch 297 Juden.

---

[11] Vgl. Ebd., 813f.

Entwicklung der Jüdischen Bevölkerung in der Provinz Westfalen und im Regierungsbezirk Arnsberg im Vergleich mit Herbede und Witten 1818 bis 1943.

Jahr	Provinz [1] Westfalen	Steigerung	Reg.bezirk [1] Arnsberg	Steigerung	Herbede [2] (o. Heven)	Witten [3] (m. Heven)	Witten A [4]	Steigerung	B [5]
1818	-		-		15	4	19		7
1825	11142	100 %	3864	100 %	19	19	38	100 %	18
1829	-		4300		21	28	49		21
1834	12889		4685		-	-	-		35
1839	-		-		25	-	-		41
1843	14405		5408		32	55	87		49
1852	15477		5987		-	-	-		69
1858	-		6620		60	114	174		90
1861	16631		6932		-	-	-		93
1867	-		-		76	216	292		134
1871	17245		7893		78	261	339		172
1880	18810		9495		-	-	-		310
1885	-		9840		78	420	498		358
1890	19672		10177		85	407	492		392
1895	-		-		87	394	481		441
1900	20640		11802		68	408	476		474
1905	-		12100		59	422	481		499
1910	21036	189 %	12387	321 %	59	429	488	1284 %	521
1924	-		13311		58	460	518	1363 %	476
1925	21595	194 %	13380	346 %	58	-	-		492
1931					37	-	-		448
1932					37	-	-		439
1933 [6]	18819		10326		30	297	327		426
1934					27/30	-	-		404
1935					28	-	-		377
1939 [6]	11197		5986		19	185	204		234
1942					16	-	-		125
1943					9	-	-		58

(Abb. 1).[12]

3.1.2 Die Gründung einer Synagogengemeinde

Die Wittener Synagogengemeinde wurde im Jahre 1847 gegründet.[13] In Folge des preußischen Gesetzes von 1847 wurden im Jahre 1854 für den Land- und Stadtbezirk Bochum drei Synagogengemeinden gegründet. Der dritte Synagogenbezirk Witten wurde 1855 eingerichtet. Zu diesem Synagogenbezirk gehörten die Juden aus der Stadt Witten, aus dem Amt Blankenstein, u.a. mit der Gemeinde Blankenstein, die heute zu Hattingen gehört, die Juden aus der Gemeinde Stiepel, welches heute zu Bochum gehört und dem Amt Langendreer, das heute ebenfalls zu Bochum gehört. Zudem gehörten die Juden aus den Gemeinden Heven, Herbede und Stockum dazu, die heute zur Stadt Witten gehören.[14]

Bis 1869 befand sich der Hauptsitz der Synagogengemeinde Witten in Herbede, wo viele Gemeindemitglieder wohnten. Dort wurden auch die Wahlen für die Gemeindegremien abgehalten.Nach 1869 wurde dann Witten Hauptgemeinde.

[12] Stadt Witten (Hrsg.): „... und vergessen kann man das nicht“ *Wittener Jüdinnen und Juden unter dem Nationalsozialismus*, Witten 1991, XXXI.

[13] Vgl. Pott, F. W.: Geschichte der Stadt Witten, Witten 1924, 216.

[14] Vgl. Göttmann, F. (Hrsg.): Historisches Handbuch der jüdischen Gemeinschaften in Westfalen und Lippe, 819.

Die Wittener Juden hielten zunächst ihre Gottesdienste in unterschiedlichen angemieteten Räumen ab. Im Jahre 1871 kaufte die Gemeinde ein Grundstück an der Nordstraße 19 in Witten. Geplant war, dort eine Synagoge zu errichten. Folglich stellten einige Juden aus Blankenstein den Antrag, aufgrund einer zu großen Entfernung zur geplanten Synagoge in Witten, der Synagogengemeinde in Hattingen zugeordnet zu werden. Dies wurde auch genehmigt.

Auch die Juden in Herbede waren bemüht, sich zunächst aufgrund der hohen finanziellen Beiträge für den geplanten Synagogenbau, von Witten zu trennen. Die Regierung in Arnsberg wies diese Bemühungen jedoch zurück.[15]

Allerdings wurde die geplante Synagoge in Witten zunächst nicht errichtet, da die königliche Regierung dagegen war. Diese war vielmehr der Ansicht, dass stattdessen ein Schulgebäude errichtet werden sollte. Daraufhin beschloss die jüdische Gemeinde, zwar dem Wunsch zu folgen und ein Schulhaus zu bauen, in diesem aber auch einen Betsaal entstehen zu lassen. So wurde im Frühling 1873 die Schule eingeweiht und am 19. September 1873 der Betsaal.

Schließlich ging jedoch 1881 das Gebäude an der Nordstraße in das Eigentum der Stadt Witten über, da diese bereits seit längerem die Unterhaltskosten übernommen hatte. Drei Jahre später im März 1884 kündigte die Stadt Witten der jüdischen Gemeinden schließlich den Betsaal. [16]

Demzufolge beschlossen die Mitglieder der jüdischen Gemeinde in Witten eine neue Synagoge zu bauen. Am 5. Juni 1884 wurde ein 871 m² großes Grundstück an der Breite Straße 52, Ecke Kurze Straße in Witten für 13.600 RM vom Kaufmann August Fischer gekauft.[17] Mit dem Entwurf eines Bauplans für diese Synagoge wurde der Architekt Franz Xaver Rademacher aus Witten betraut. Die königliche Regierung genehmigte die Errichtung der Synagoge problemlos.

Folglich konnte die jüdische Gemeinde in Witten am 20. März 1885 den Grundstein ihrer Synagoge legen. Der Grundsteinlegung wohnten u.a. der Bürgermeister, der Architekt und die beteiligten Unternehmer bei. Der Vorsitzende, Ascher Löwenstein, der Synagogengemeinde in Witten gab folgender Hoffnung Ausdruck: „Möge dieser

[15] Ebd., 819

[16] Vgl. Birkmann, G.; Stratmann, H.: Bedenke vor wem du stehst. *300 Synagogen und ihre Geschichte in Westfalen Lippe*, Baden-Baden 1998, 62.

[17] Vgl. Göttmann, F. (Hrsg.): Historisches Handbuch der jüdischen Gemeinschaften in Westfalen und Lippe, 820.

Bau, in so edler Absicht begonnen, auch den spätesten Geschlechtern zum Segen gereichen.“[18]

Die Herbeder Juden waren nun einige Kilometer von der neuen Synagoge entfernt. Aus diesem Grund verfolgte Joseph Rosenbaum, der Sprecher der Herbeder Juden, den Austritt aus der Synagogengemeinde Wittens und den Anschluss an die Gemeinde Hattingen. Dies wurde aber von der Filialgemeinde Hattingen nicht gewünscht. So kam es, dass Anfang 1890 die Hälfte der Herbeder Juden aus der Wittener Synagogengemeinde austraten und einen eigenen Synagogenverein gründeten. 1920 war Herbede schließlich eine der kleinsten eigenständigen Synagogengemeinden in Westfalen.

Über die Organisation dieser sehr kleinen jüdischen Gemeinde in Herbede gibt es bisher noch wenige Informationen. Bekannt ist, dass es mindestens einen Betsaal im Keller eines Fachwerkgebäudes in der Thiestraße 12 in Herbede gab. Außerdem hatte die Gemeinde in Herbede einen aus den Reihen der Gemeindemitglieder gewählten Vorstand sowie eigene Statuten.

Anfang der 1930er Jahre löste sich die Herbede Gemeinde, die durch Abwanderung an Zahlen verloren hatte, auf. Die verbleibenden jüdischen Mitglieder schlossen sich nun der Synagogengemeinde Witten oder Hattingen an. Der Betsaal wurde aufgelöst und zu einer Wohnung eingerichtet.

Die Wittener Synagogengemeinde nahm in den nun folgenden Jahren, wie eben dargestellt, auch zahlenmäßig wieder ab.

3.2 *Die organisatorische Struktur*

Die jüdische Gemeinde wurde nach der Gründung des Gemeindeverbandes, welcher 3ter Synagogenbezirk genannt wurde, durch drei Vorstandsmitglieder und neun Repräsentanten vertreten.

Über die amtlichen Tätigkeiten der ersten Gemeindevertretung ist nichts bekannt.

Im Jahre 1860 hat laut der Urkunde eine gänzliche Neuwahl stattgefunden, aus der die Mitglieder Salomon Hanf, Levy Cahn und M. Herz als Vorsteher hervorgingen.[19]

---

[18] Urkunde über die Geschichte der jüdischen Gemeinde zu Witten und den Bau ihres neuen Tempels. Stadtarchiv Witten.

[19] Vgl. Ebd., 19

Von dort an, verstärkte sich das Gemeindeleben dadurch, dass am 28. März desselben Jahres der erste staatlich geprüft Lehrer, Kantor und zugleich Prediger namens Simon Rosenbaum von der Gemeinde engagiert wurde. Zudem wurde eine Elementarschule errichtet. Nachfolger Rosenbaums wurde 1863 Jacob Ostwald, ebenfalls Lehrer, Kantor und Prediger.

Des Weiteren erschien im Rahmen der Gemeindeentwicklung am 28. Juli 1876 ein neues Gesetz, nach welchem nun der Austritt aus der Synagogengemeinde möglich war.

Zuletzt sei an dieser Stelle noch die Gründung einer Institution zur Hilfeleistung in Krankheits- und Sterbefällen im Jahre 1884 zu erwähnen. Diese Institution wurde durch eine Kommission von drei Gemeindemitgliedern, dem jüdischen Kultusbeamten als Vorsitzenden, einem Vorstandsmitglied und einem Repräsentanten geleitet.[20]

3.3 *Die Rabbiner*

Zunächst kann allgemein zum Rabbinertum gesagt werden, dass die Bezeichnung Rabbi zur Zeit der Mischna ein Ehrentitel für einen religiösen Gelehrten innerhalb des Judentums darstellte.

Biblisch sind Rabbiner erstmals in der Zeit nach dem babylonischen Exil in Esra 7,6.11 erwähnt, dort wird der Priester Esra als ein mit dem Gesetz Moses erfahrener Schriftgelehrter genannt.

Bis ins Mittelalter durften Rabbiner mit der Tora kein Geld verdienen. Erst im 14. Jahrhundert wurde dies nach ständiger Ausweitung der Anforderungen aufgegeben. Danach arbeiteten viele Rabbiner vorwiegend als Vorbeter. Die Entwicklung zum anerkannten Beruf des Rabbiners begann erst in der zweiten Hälfte des 19. Jahrhunderts. Zu dieser Zeit wurde versucht, jüdische theologische Fakultäten an deutschen Universitäten einzurichten. Dieser Versuch scheiterte jedoch durch den Widerstand der christlichen Gelehrten und Politiker. Folglich gab es spezielle Rabbinerseminare, bei denen viele Rabbiner einen Doktortitel erwarben. Zu den Aufgaben eines Rabbiners gehört die religiöse Lehre, zudem kommt ihm als jemanden, der den Talmud kennt, die Entscheidung in religiösen Fragen zu.

---

[20] Vgl. Ebd., 21

In den Synagogengemeinden wurden Rabbiner in der zweiten Hälfte des 19. Jahrhunderts allerdings häufig nur in großen städtischen Gemeinden eingesetzt. Die kleineren Gemeinden, so damals auch die Wittener Gemeinde, stellten Prediger oder Lehrer in einer Mehrfachfunktion als Religionslehrer und Vorbeter ein.
Der erste staatlich geprüfte Lehrer, Kantor und Prediger der jüdischen Gemeinde Wittens war Simon Rosenbaum, welcher am 28. März 1860 eingestellt wurde. Er war jedoch nur drei Jahre bis 1863 in den beschriebenen Funktionen tätig. Über seine Biographie ist bisher wenig bekannt.
Sein Nachfolger wurde der Lehrer, Kantor und Prediger Jacob Ostwald, welcher am 28. Juni 1863 seinen Dienst in Witten antrat und dort vierzig Jahre bis 1903 tätig war. Jacob Ostwald wurde wahrscheinlich 1838 in Lichtenau geboren. Im Alter von 16 Jahren begann er an der Vereinsschule des jüdischen Lehrerseminars der Marks-Haindorfstiftung sein Studium in Münster. Drei Jahre später schloss er seine Lehramtsprüfung ab. Die Zeit am damaligen westfälischen Zentrum für Lehrerbildung prägte scheinbar sein späteres Handeln als ambitionierter Reformer. So war sein langes Wirken in Witten sicherlich für den Assimilationsprozess der jüdischen Gemeinde von großer Bedeutung.
Die erste Stelle als Hauslehrer begann Ostwald im Jahre 1857 in Lügde. Bereits nach einem Jahr, wollte er sich beruflich verändern und trat eine Stelle als Lehrer in Hüsten an. Im heutigen zur Stadt Arnsberg gehörigen Hüsten war Ostwald tätig, bevor er nach Witten kam.[21]
Die jüdische Gemeinde in Hüsten war in Bezug zur Wittener vergleichsweise klein und hatte finanzielle Schwierigkeiten, so dass Jacob Ostwald diese aus finanziellen Gründen verlassen musste. In Witten am 1. September 1863 angekommen, wohnte Ostwald zunächst bei dem Vorsteher der Wittener Gemeinde, Herrn Hanf, im Parkweg. Nachdem er einen Probegottesdienst absolviert hatte und der Vertrag unterschrieben wurde, wurde er von Herrn Hanf in seine zukünftige Wohnung in der Weidengasse 6 gebracht. Das Haus in der Weidengasse gehörte der jüdischen Gemeinde, dessen Erdgeschoss war als Kinderstube vermietet und in dessen Obergeschoss befanden sich die Klassenräume, die Wohnung des Lehrers Ostwald und eine kleine Synagoge.

[21] Vgl. Stadt Witten (Hrsg.): "Um Spott und Hohn der Wittener loszuwerden ...". *Erinnerung des jüdischen Lehrers und Kantors Jacob Ostwald 1863 - 1910.* Witten 1994, 10.

Zu Beginn seiner Zeit in Witten beschreibt Jacob Ostwald die jüdische Gemeinde wie folgt: „Der schlechte Zustand der Wittener jüdischen Gemeinde, den ich vorfand und bedauerte, hatte seine Ursache in den niedrigen kulturellen Niveaus der Leute, [...]."[22] So haben sich Juden in Witten bekanntlich erst spät niedergelassen, angereist aus Dörfern, in welchen kein gutes Benehmen herrschte. Mit der kulturellen Entwicklung verbesserten sich jedoch die Verhältnisse in der Wittener Gemeinde.

Jacob Ostwald hatte der Gemeinde mit Beginn seiner Tätigkeit seine Ideen von seiner dreifachen Tätigkeit als Kantor, Prediger und Lehrer zu vermitteln: „Ich erwähnte auch, daß ich beabsichtigte da zu tun, was Gott von seinen Propheten verlangt hatte [...]."[23] Dabei war Ostwald von den Ideen der westfälischen Reformjuden im Assilimilationsprozess geprägt, er war wie die meisten Reformer nationalliberal eingestellt und hatte den Wunsch sich bzw. die jüdische Gemeinde einzugliedern. So war er beispielsweise bemüht, die Liturgie der Wittener Synagogengemeinde durch Gebrauch anderer Gebetsbücher und Einführung der Orgelmusik während der Gottesdienste zu reformieren. Diese Bemühungen stießen allerdings auf Unmut einzelner Gemeindemitglieder: „Ich verwendete jedoch ein anderes Buch als das, was unser Ältester benutzte, [...] und er verstand eigentlich nicht, was ich vorlas, also schrie er plötzlich los: „Halt an, wir sind am Schluss!"[24]

Zudem war Ostwald bemüht, die Begräbniszeremonie zu ändern und die Anerkennung der jüdischen Privatschule in eine öffentliche Lehranstalt zu erwirken. So waren auch Kinder englischer Vorarbeiter und protestantische Schüler an der Schule. Lediglich für den religiösen Unterricht wurde ein anderer Lehrer arrangiert.

Am 29. Juli des Jahres 1870 erhielt Jacob Ostwald eine lebenslängliche Anstellung. Die im gleichen Jahr verstärkt auftretenden antisemitischen Handlungen nahm Jacob Ostwald durchaus sensibel wahr. Vor allem fürchtete er um die Emanzipation der Juden in Witten.

Ein paar Jahre später heiratete Jacob Ostwald 1878 Sara Neumark, die 1880 den gemeinsame Sohn Siegfried Ostwald zur Welt brachte.

Trotz lebenslänglicher Anstellung musste sich Jacob Ostwald am 1. Juli 1903 aufgrund seiner Gesundheit pensionieren lassen. Verursacht durch eine Grippeerkrankung im Winter 1901/02 ging es Ostwald gesundheitlich nicht gut. Sein

---

[22] Stadt Witten (Hrsg.): "Um Spott und Hohn der Wittener loszuwerden ...", 22.

[23] Ebd., 27

[24] Ebd., 33

gesundheitlicher Zustand verbesserte sich jedoch wieder und er zog im Jahre 1910 mit seiner Frau nach Berlin und verstarb schließlich 1930 im hohen Alter von 92 Jahren infolge eines Verkehrsunfalles. Seine Ehefrau verstarb kurz danach, sein Sohn Siegfried 1935 in Wien. Seine weiteren beiden Kinder Julie und Wilhelm wurden Opfer der Schoah und verstarben im Ghetto Theresienstadt.[25]
Nun benötigte die Wittener Gemeinde einen entsprechenden Nachfolger. Amtsnachfolger Jacob Ostwalds für die Synagogengemeinde in Witten wurde Max Mayer, welcher dort als Lehrer und Kantor ab 1903 bis zum Ende der jüdischen Gemeinde tätig war. Über Max Mayer gibt es seine Gemeindeleitung betreffend, scheinbar wenig Hinweise, mehr Informationen gibt es zu seinem Leben und Wirken zur Zeit des Nationalsozialismus.
Mayer war gebürtiger Wittener und liebte seine Heimatstadt, was in einem Gedicht, welches 1926 im Wittener Tageblatt veröffentlicht wurde zum Ausdruck kam, dort hieß es: „Witten, Sehnsucht meiner Träume, Wie bist Du an Schönheit reich!“[26]
Auch Max Meyer war ebenso wie Jacob Ostwald sensibel für die Vorurteile, die gegenüber Juden herrschten. Als Lehrer und Kantor der jüdischen Gemeinde und zugleich als aktiver Bürger seiner Heimatstadt spiegelte sein Leben die Spannungen des Emanzipationsprozesses der deutschen bzw. Wittener Juden wieder.
Mayer, der mit seiner Frau Rahel uns seinen zwei Kindern in Witten lebte, bewahrte sich mit Beginn des Nationalsozialismus zunächst die Hoffnung weiter in Witten leben und tätig sein zu können. Sein Sohn flüchtete jedoch bereits 1933 aus Italien in die Schweiz. Für Mayer selbst wurde das Novemberpogrom 1938, welches die Zerstörung der Wittener Synagoge mit sich brachte, ausschlaggebend für seinen Entschluss im Jahre 1939 in die Niederlande zu emigrieren. Gemeinsam mit seiner Frau reiste er zu seiner Tochter und seinem Schwiegersohn nach Den Haag. Sein Schwiegersohn war auch in einer jüdischen Gemeinde und zwar in Den Haag selbst als Rabbiner tätig.
Einige Zeit später, 1940, nach der deutschen Besetzung der Niederlande durch die deutsche Wehrmacht, wurde Max Mayer jedoch in das Sammellager Westerbork eingewiesen und nach Auschwitz deportiert, wo er unter bisher unbekannten Umständen ermordet wurde. Seine Tochter wurde gemeinsam mit ihrem Mann und ihrer zehn Jahre alten Tochter ebenfalls von Westerbork 1944 nach Bergen Belsen

[25] Vgl. Stadt Witten (Hrsg.): "Um Spott und Hohn der Wittener loszuwerden ...“, 11.
[26] Stadt Witten: „... und vergessen kann man das nicht“, 10.

gebracht, in welchem Hans Andorn, Mayers Schwiegersohn, an Unterernährung verstarb. Mayers Tochter und Enkelin wurden auf einem Evakuierungstransport schließlich 1945 von der roten Armee befreit.[27]

Charlotte Mayer, heute Charlotte Meyerstein, besuchte im Jahre 1981 erneut ihre Geburtsstadt Witten, die sie nach ihrer Hochzeit im Jahre 1931 verlassen hatte.

Im Leben und Sterben des letzten Wittener Lehrers und Kantors der jüdischen Gemeinde verdichten sich die Erfahrungen der Mitglieder der jüdischen Gemeinde zu Witten, die zur Zeit Jacobs Ostwalds zunächst von Assimilation und beginnender Diskriminierung, dann von Verfolgung, Emigration und schließlich, wie der Tod Max Mayers zeigt, von Vernichtung geprägt waren.

3.4 *Die jüdischen Friedhöfe in Witten*

In Deutschland gibt es ca. 2000 jüdische Friedhöfe, wobei ein Großteil der Friedhöfe in Nordrheinwestfalen liegt, zu dem auch die Stadt Witten gehört.[28]

In Witten, wie auch sonst an vielerlei Orten sind die Friedhöfe das einzige Zeugnis eines früheren dort florierenden jüdischen Lebens, welches durch den Nationalsozialismus ruiniert wurde. So wurden Synagogen und andere Kultstätten zumeist zerstört, die Friedhöfe jedoch blieben häufig erhalten. Die heute noch erhaltenen Grabsteine sind somit wichtige Dokumente für die Geschichte und Religion des Judentums an den unterschiedlichen Orten. Sie berichten von Assimilation und Separation der jüdischen Bevölkerung und leider auch von deren Vernichtung.

Aufgrund dessen sind vollständige Veröffentlichungen über die Gesamtgeschichte eines jüdischen Friedhofs von immenser Bedeutung. Für die jüdischen Friedhöfe in Witten gibt es zurzeit jedoch keine vollständige Dokumentation bezüglich ihrer Entwicklungsgeschichte, erhaltener Grabdenkmäler, Verstorbener und religiöser Symbolik. In dieser Arbeit kann aufgrund des Umfanges auch nur eine Teilübersicht über die jüdischen Friedhöfe Wittens und der jüdischen Bestattungskultur gegeben werden.

In Witten gibt es gegenwärtig eigentlich fünf jüdische Friedhöfe, von denen allerdings drei zur Zeit des Nationalsozialismus eingeebnet wurden. Zwei jüdische Friedhöfe,

---

[27] Vgl. Stadt Witten (Hrsg.): „… und vergessen kann man das nicht", XIV.

[28] Vgl. https://de.wikipedia.org/wiki/Liste_j%C3%BCdischer_Friedh%C3%B6fe_in_Deutschland
abgerufen am 25.02.2018)

nämlich derjenige in Witten Herbede und der im Zentrums Witten, im Ledderken, bestehen heute noch. Die beiden Friedhöfe in Annen sowie der älteste jüdische Friedhof Wittens auf dem Helenenberg wurden eingeebnet.

In Witten Annen wurde 1876 auf dem dortigen Kommunalfriedhof auch ein jüdischer Friedhof eingerichtet. Nachdem sich der Kommunalfriedhof aufgrund des Bevölkerungszuwachses bald als zu klein herausstellte, wurde 1881 ein größeres Gelände an der heutigen Diesterwegstraße erworben. Im Jahre 1898/1899 wurde am nordwestlichen Ende des Geländes ein zweiter jüdischer Friedhof von 741 m^2 eingerichtet. Der alte Kommunalfriedhof und so auch der erste jüdische Friedhof wurden vom Annener Gussstahlwerk, einem 1873 gegründetem Unternehmen der Montanindustrie, vor Beginn des zweiten Weltkrieges überbaut.

Mit dem Aufkommen des Nationalsozialismus wurde 1938 der zweite jüdische Friedhof in Annen zerstört.[29] Anschließend wurde der Platz zur Beisetzung von Zwangsarbeitern aus dem Annener KZ, einem Außenlager des KZ Buchenwald genutzt. Dessen Erörterung folgt an späterer Stelle. Gegenwärtig sind auf dem ehemaligen jüdischen Friedhof in Witten-Annen keine Grabsteine mehr erhalten. Lediglich zwei, im Jahre 1993 errichtete, Gedenksteine erinnern an denselben und an die an diesem Ort bestatteten Juden, deren Grabsteine von den Nationalsozialisten zerstört wurden.

Ebenso erinnert an den ältesten jüdischen Friedhofs Wittens nur ein Gedenkstein.

[29] Vgl. Reicher, B.(Hrsg.): Jüdische Geschichte und Kultur in NRW, 251.

(Abb. 2 und 3 erster jüdischer Friedhof in Witten, auf dem Helenenberg, Gedenkstein)[30]

Für den damaligen Friedhof an der Egge/Helenenberg, sind bereits für das Jahr 1807 Verhandlungen zur Errichtung belegt. An dieser Stelle ist bemerkenswert, dass der erste jüdische Einwohner Wittens erst auf das Jahr 1810 datiert ist. Schließlich gewann die Synagogengemeinde in Witten 1860 den 1021 m² großen Friedhof auf dem Helenenberg, den sie zuvor als Erbpacht belegt hatte. Bereits 1891 war der Friedhof vollständig belegt, weil einige Stellen des Friedhofes wegen des harten Gesteins nicht genutzt werden konnten. Hinzu kam, dass dieser Friedhof auf dem Helenenberg, einem letzten Ausläufer des Ardeygebirges, zur damaligen Zeit, vor allem im Winter von den Angehörigen nur schwer zu erreichen war. Folglich wurde der Friedhof um 1900 geschlossen.

Das dahinterliegende Grundstück wurde 1903 an den Wittener Feilenhauer Friedrich Ulm verkauft.[31] Da das Grundstück im Bebauungsplan von 1936 als Grünfläche ausgewiesen war, durfte diese Fläche nicht bebaut werden, dennoch sind die Grabsteine heute nicht mehr erhalten, da die meisten im November 1938 zerstört

[30] Eigene Aufnahme, Witten 2018.

[31] Vgl. Göttmann, F. (Hrsg.): Historisches Handbuch der jüdischen Gemeinschaften in Westfalen und Lippe, 826f.

wurden. Einzelne übrige Grabsteine wurden auf dem Friedhof im Ledderken aufgestellt. Im Jahre 1891 wurde der Friedhof im Ledderken durch die Wittener Synagogengemeinde erworben und zwei Jahre später 1893 eröffnet. Das für 4000 Reichsmark erworbene 1625 m² große Grundstück liegt neben dem alten evangelischen Kirchhof im Wittener Zentrum. Bereits 1893 fand die erste Bestattung Philipp Lilienthaals statt. Das Gelände des Friedhofs war von einer Hecke umgeben und zur Straßenseite mit einer Mauer und einem Tor versehen. Die Stadt Witten wollte 1929 die Straße Ledderken ausbauen, weshalb sich die Synagogengemeinde mit einem Teilgrundstückstausch einverstanden erklärte. Dieser Tausch wurde jedoch nicht vollzogen. Ein paar Jahre später teilte die Synagogengemeinde auf Anfrage der Stadt mit, dass der Friedhof nun zur Hälfte belegt sei. So wurden dort bis 1941 insgesamt 209 Verstorbene begraben. Während des Krieges wurden durch Bomben etliche Gräber zerstört, heute sind noch ca. 130 Grabstätten erhalten.[32]

(Abb.4 jüdischer Friedhof, Ledderken)[33]

Im hinteren Teil des Friedhofes befinden sich älteren Gräber und die Grabsteine des ehemaligen Friedhofs Helenenberg. Im linken hinteren Teil sind Kindergräber zu finden. Einige Grabinschriften erinnern auch an die jüdischen Gemeindemitglieder, die während des ersten Weltkrieges als Soldaten starben. Außerdem sind heute auf einer Gedenkstele auf dem vorderen Teil des Friedhofs die Namen der Konzentrationslager zu lesen, in welchen Wittener Juden ermordet worden sind.

[32] Vgl. Reicher, B.: Jüdische Geschichte und Kultur in NRW, 251.
[33] Eigene Aufnahme

(Abb.5 Gedenkstele) [34]

Ein besonderes Kennzeichen dieses jüdischen Friedhofes sind die dort auch stattgefundenen Bestattungen nichtjüdischer Ehepartner. Auch wenn eine Reihenbepflanzung für eine räumliche Trennung zu den jüdischen Verstorbenen sorgt, ist dies dennoch ein sehr positives Zeichen im Hinblick auf die christlich-jüdischen Beziehungen der damaligen Bürger in Witten.

Im Jahre 1962 ging der Friedhof in den Besitz des Landesverbandes der Jüdischen Gemeinden von Westfalen-Lippe über, die Instandhaltung liegt allerdings in der Hand der Stadt Witten. Bis 1990 war es möglich, dass einzelne Juden auf Wunsch dort beigesetzt werden.[35]

Der jüdische Friedhof in Witten-Herbede ist heute ebenfalls noch größtenteils erhalten und befindet sich auch im Besitz des Landesverbandes der Jüdischen Gemeinden von Westfalen-Lippe.

[34] Eigene Aufnahme

[35] Vgl. Göttmann, F. (Hrsg.): Historisches Handbuch der jüdischen Gemeinschaften in Westfalen und Lippe, 827.

(Abb. 6 jüdischer Friedhof Witten-Herbede)[36]

Das genaue Datum seiner Eröffnung ist bisher unbekannt, die älteste lesbare Inschrift stammt aus dem Jahre 1886. Zur Errichtung dieses Friedhofes in Herbede kam es, da am 3.2.1874 die Synagogengemeinde Witten der Herbeder Filiale einen finanziellen Zuschuss in Höhe von 300 Mark zur Errichtung eines eigenen Friedhofes vor Ort zukommen ließ.[37] Die Größe des Grundstückes betrug 1200 m², zudem befand sich dieses Grundstück ähnlich wie in Annen, angrenzend an den Kommunal-Friedhof Witten-Herbede. Zu betreten ist dieser Friedhof von der Straße „An der Wabeck". Im Jahre 1915 wurde Leutnant Joseph Rosenbaum unter Beteiligung etlicher Kriegsvereine des Amtsverbandes Herbede dort beigesetzt. Im Rahmen des Pogroms 1938 kam es einer Aktennotiz zufolge zur Zerstörung des Friedhofes. Im letzten Kriegsjahr Sommer 1944 bis April 1945 wurden auf dem jüdischen Friedhof 22 russische Zwangsarbeiter beigesetzt.[38] An diese erinnert ein sich dort befindender mit russischer Inschrift versehener Gedenkstein. Nach der Beisetzung der 1878 geborenen Hedwig Wandelt im Jahre 1947 fanden keine weiteren Beerdigungen auf dem Herbeder Friedhof statt. In der Zeit direkt nach dem zweiten Weltkrieg gehörte Herz Moses Rosengarten der Friedhof. Danach ging er 1962 an den Landesverband über.

[36] Eigene Aufnahme

[37] Vgl. Reicher, B. (Hrsg.): Jüdische Geschichte und Kultur in NRW, 251.

[38] Vgl. Göttmann, F. (Hrsg.): Historisches Handbuch der jüdischen Gemeinschaften in Westfalen und Lippe, 836.

Heute sind noch 22 Gräber mit Grabsteinen und sechs ohne Grabsteine erhalten. Der älteste erhaltene Grabstein ist aus dem Jahre 1886.

3.4.1 Bestattungskultur

Die Gräber jüdischer Friedhöfe unterscheiden sich von christlichen Gräbern vor allem darin, dass sie völlig unangetastet bleiben, d.h. ein und dasselbe Grab darf niemals neu belegt werden. Jeder Tote bekommt sein eigenes Grab, es ist nicht üblich, dass z. B. Ehepaare gemeinsam in einem Grab bestattet werden. Ein jüdischer Friedhof wird gegensätzlich zum christlichen, nicht besonders intensiv gepflegt oder mit Blumen geschmückt, denn er ist ein Ort der Vergänglichkeit und Unberührtheit. Auch die Friedhöfe in Witten hatten etwas mystisch, fantastisches durch viel Grün und alte Efeuranken.

Die Steine, die oft auf den Grabsteinen liegen, sind Zeichen der Verehrung der Lebenden für die Toten. Die vorherige Abbildung 2 zeigt viele Steine auf der Gedenktafel des ehemaligen Wittener Friedhofs auf dem Helenenberg. Es ist ein alter jüdischer Brauch, Steine auf die Grabsteine zu legen. Die Grabsteine auf den Wittener Friedhöfen sind nach Osten ausgerichtet, dies ist traditionell üblich, da sie in Richtung Jerusalem weisen sollen, wo am jüngsten Tag nach jüdischem Glauben der Messias erscheinen wird.

In der jüdischen Tradition werden die Verstorbenen mir großer Sorgfalt behandelt, so wird, wenn möglich mit dem Sterbenden, sonst ohne denselben das Schma Jisrael gesprochen. Nach einer rituellen Waschung werden dem Toten besondere Kleider angezogen und bei einem männlichen Verstorbenen auch der Tallit umgelegt. Diese Handlungen werden fast immer auf einem Friedhof in einem besonderen Gebäude durchgeführt.[39] Auf den jüdischen Friedhöfen in Witten sind gegenwärtig allerdings keine Überreste solcher Räumlichkeiten zu finden. Die Frage wo solche Handlungen in Witten damals stattgefunden haben bleibt unbeantwortet. Der Ablauf des Beerdigungsgottesdienstes entspricht meistens der jeweiligen Gemeinde, in liberalen Gemeinden, so vermutlich auch in der Wittener, wurden die Gebete und Ansprachen

---

[39] Vgl. Stein, E.: Der jüdische Friedhof, in: Liedl, H.; Dollhopf, H. (Hrsg.): Haus des Lebens. *Jüdische Friedhöfe*, Würzburg 1985, 15.

in der Landessprache gesprochen. Auch war es üblich, ein Harmonium zu nutzen, auch dies wurde nach der Reformation der Wittener Gemeinde dort angeschafft.

Die Toten werden auf den jüdischen Friedhöfen nebeneinander in der Folge ihres Sterbedatums beerdigt. Wichtig ist dabei, dass keinesfalls materieller Besitz oder die gesellschaftliche Position Einfluss auf die Grabstelle eines Juden haben darf.

Der jüdischen Tradition zufolge darf ein nicht-jüdischer Ehepartner nicht auf einem jüdischen Friedhof beigesetzt werden. Auf dem Friedhof im Ledderken in Witten wurden jedoch nicht-jüdische Ehepartner bestattet, an den Grabsteinen wird dies an dem christlichen Symbol des Kreuzes vor dem Sterbedatum ersichtlich. Dies verdeutlicht die damalige Reformbewegung der Gemeinde.

(Abb. 7 christliches Grab auf dem Friedhof Ledderken)[40]

Zur Charakteristik jüdischer Friedhöfe gehören die Grabinschriften und Symbole sowie Ornamentik. Ursprünglich gab es jedoch keine Verzierung auf den Grabsteinen. Erst ab dem 15. Jahrhundert tauchen die ersten Symbole auf, die nicht nur das Grab schmücken, sondern auch zur Charakterisierung der Toten verwendet werden. Sie symbolisieren häufig die Herkunft, den Beruf oder besondere Eigenschaften des Verstorbenen. Allerdings darf ähnlich wie im Christentum das Abbild Gottes nicht dargestellt werden.

---

[40] Eigene Aufnahme

Die traditionellen Zeichen sind die der Priester und Leviten, diese haben einen besonderen Status in der jüdischen Gemeinschaft. Zu diesen Zeichen gehören die zum Segen erhobenen Hände, die als Symbolik für das Grab eines Priesters dienen, oder eine Wasserkanne, die das Grab eines Leviten bezeichnet als Symbol für die Aufgabe eines Leviten Wasser über die Hände des Priesters zu gießen.[41] Des Weiteren stehen für einen Lehrer oder Vorbeter symbolisch Widderhörner, wie hier auf einem Grabstein in Witten.

(Abb. 8 und Widderhörner Grabstein Friedhof Ledderken)[42]

Außerdem symbolisieren Abbildungen von Tieren die Namen der Verstorbenen, diese sind allerdings auf den Grabsteinen in Witten nicht vorhanden oder nicht mehr erhalten. Ebenso ist auch das Buch als Symbol für einen Gelehrten und ein Chanukka Leuchter, der auf das Anzünden der Sabbatkerzen und damit auf ein Frauengrab verweist, auf den Wittener Friedhöfen nicht zu finden. Häufig jedoch sind Blumendarstellungen auf den Gräbern der jüdischen Friedhöfe in Witten zu sehen. Auch diese können auf das Grab einer Frau verweisen, möglicherweise als Hinweis auf ihre Schönheit.

[41] Vgl. Liedl, H.; Dollhopf, H. (Hrsg.): Haus des Lebens 18.
[42] Eigene Aufnahme

(Abb. 9 Blumenornamentik Friedhof Ledderken)

Des Weiteren sind in Witten häufig als Symbol Palmenzweige zu finden, die sich auf Psalm 92, 13 beziehen, in welchem es heißt: „Der Gerechte gedeiht wie eine Palme, er wächst wie die Zedern des Libanon.“[43]

(Abb. 10 Palmenzweig, Grabstein Ledderken)[44]

[43] Deutsche Bischöfe (Hrsg.): Die Bibel, Einheitsübersetzung, Stuttgart 1980.

[44] Eigene Aufnahme

(Abb. 11 Friedhof Ledderken)[45]

Auf dem Grabstein der Familie Grünebaum, welche gegenwärtig noch ein Schuhgeschäft in der Bahnhofstraße in Witten betreiben, findet sich auf einem relativ neuen Grabstein das Bild einer Rose. Die Rose als nichtjüdisches Symbol ist bereits auf antiken Gräbern zu finden und symbolisiert die Erneuerung des Lebens.

Vermehrt ist auf den Grabsteinen beider Friedhöfe in Witten der Davidstern zu finden. Dieser erschien erstmalig auf jüdischen Grabsteinen auf dem Friedhof in Prag. Ab dem 20. Jahrhundert wird er fast auf den meisten jüdischen Grabsteinen in unterschiedlichen Ländern und Orten verwendet.

Darüber hinaus sind Sterne im Allgemeinen ein beliebtes Motiv auf jüdischen Grabsteinen. Der Stern an sich als Ornament ist jedoch nicht zu verwechseln mit dem sechszackigen Davidsstern. So sind Sterne ein Zeichen für Licht und Helligkeit und weisen als Teil des Himmels auf ein größeres Ganzes hinaus. Ein fünfzackiger Stern zeichnet das Grab auf dem Wittener Friedhof.

[45] Ebd.

(Abb. 12 Friedhof Ledderken)[46]

Leider ist die Aufschrift mit dem Namen des oder der Verstorbenen nicht mehr zu erkennen, denn vermuten lässt sich möglicherweise auch ein sozialistischer Hintergrund.

Ebenso wie es ursprünglich keine Symbolik auf den Grabsteinen gab, war die Beschriftung der Grabplatten bis ins 17. Jahrhundert, also bis zur Beginn der Aufklärung, ausschließlich auf Hebräisch. Mit der Aufklärung und so im Zusammenhang mit der Anpassung jüdischer Bürger an die christliche Umwelt, begann die Beschriftung auf Deutsch. Jedoch kam es diesbezüglich oft zu Widerstand orthodoxer Vertreter, die auf die traditionelle hebräische Inschrift bestanden, so dass der deutsche Text oft auf der Rückseite der Grabsteine angebracht war.[47]

Bemerkenswert ist an dieser Stelle, dass auf den beiden Friedhöfen in Witten Gräber mit deutscher Inschrift auf der Vorderseite dominieren und lediglich vereinzelt Gräber mit hebräischer Inschrift zu finden sind, die sich dann aber auf der Rückseite befindet. Auch dies weist auf die Liberalität der Wittener Gemeinde hin.

---

[46] Eigene Aufnahme

[47] Vgl. http://spurensuche.steinheim-institut.org/deutsche.html. (abgerufen am 02.03.2018)

(Abb. 13 Rückseite eines Grabsteines auf dem Friedhof Ledderken)[48]

Eine hebräische Grabinschrift ist meistens aus mehreren Elementen zusammengesetzt, aus dem Namen des Verstorbenen, den Daten, einer Einleitungsformel und einer Schlussformel. Meistens sind die Einleitungsformeln abgekürzt, so hier auf dem abgebildeten Grabstein. Hier die Formel für „hier ist begraben“ abgekürzt.

Bis zu Beginn des 20. Jahrhundert werden die hebräischen Inschriften oft auf Einleitungs- und Schlussformel beschränkt oder verschwinden, wie auf vielen Grabsteinen in Witten, ganz.

Ähnlich wie die hebräischen Inschriften, so sind auch die deutschen Inschriften aus immer wiederkehrenden Elementen zusammengesetzt. Ebenfalls durch eine Einleitungsformel, auf dem unten abgebildeten Grabstein in Witten lautete diese „Ruhe sanft“, und eine Schlussformel sowie durch den Namen und das Datum.

In der Regel werden der bürgerliche Name des Verstorbenen und der Familienname angegeben. Der bürgerliche Name der Verstorbenen Henriette Lindenbaum wird ergänzt durch ihren eigentlichen Familiennamen Rosentahl. Zusätzlich kann bei Männern als zweiter Vorname der Name des Vaters angegeben werden. Ergänzend können weitere Elemente hinzukommen. So wird hier auf diesem Wittener Grabstein die Einleitungsformel durch eine persönliche Wendung der Hinterbliebenen nämlich

---

[48] Eigene Aufnahme

„unsere geliebte Mutter“ ergänzt. Diese Erweiterungen waren und sind auch auf christlichen Friedhöfen verbreitet.

(Abb. 14 Grabstein Friedhof Ledderken, Witten)[49]

Manchmal findet man als Schlussformel auch kürzere und längere Gedichte oder Informationen, die die positive Seite eines oder einer Verstorbenen hervorheben, z. B. sein bzw. ihr Wirken in Familie und der Gesellschaft thematisieren. Diese Informationen über die Eigenschaften des oder der Verstorbenen sind kennzeichnend für jüdische Gräber und stellen einen entscheidenden Unterschied zur christlichen Bestattungskultur dar. So heißt es abschließend auf dem Grabstein Henriette Lindenbaums: „Sie war eine gute Mutter, denn ihr Leben war Liebe. Ihr Andenken sei gesegnet.“

[49] Eigene Aufnahme

(Abb. 15 Grabstein Witten jüdischer Friedhof Ledderken)[50]

Auf einem anderen Grabstein auf dem Friedhof in Witten-Herbede wurde die Fürsorge des Verstorbenen für seine Familie gelobt. So steht auf diesem geschrieben: „Bedürfnislosigkeit, Arbeit und Sorge für das Wohlergehen der Familie kennzeichneten sein Dasein“.

(Abb. 16 Grabstein jüdischer Friedhof Herbede)[51]

Als die deutsche Sprache die hebräischen Grabinschriften ablöste, traten neben oder anstelle der hebräischen Inschrift auch Bibelzitate. Es wurden dabei oft Zitate

[50] Eigene Aufnahme
[51] Eigene Aufnahme

ausgewählt, die nicht unbedingt zu den Zitaten zählten, die bei hebräischen Grabinschriften verbreitet gewesen waren.

In der zweiten Hälfte des 19. Jahrhunderts und am Beginn des 20. Jahrhunderts konnte man im Judentum nicht mehr wie in früheren Zeiten voraussetzen, dass ein Zitat aus der Bibel auch als dieses erkannt bzw. überhaupt verstanden wurde. Folglich wurden häufig die entsprechenden Bibelstellen mit auf den Grabsteinen angegeben, so auch auf diesem im Ledderken.

(Abb. 17 und 18 Grabsteine Friedhof Ledderken)[52]

Interessant ist, dass dieser Sinnspruch „Guter Name ist besser wie köstlich Oel" auf dem Grabstein des Friedhofes Ledderken an das Alte Testament angelehnt ist, jedoch kein direktes Bibelzitat verwendet wurde. So lehnt dieser Spruch an das Buch Kohelet an, welches zu den Büchern der Lehrweisheiten gehört. Dort heißt es in Koh. 7, 1:

[52] Eigene Aufnahme

„Besser ein guter Name als Parfüm- und der Tag eines Todes als der Tag einer Geburt".[53] In einem Komparativ, der auch in den folgenden Hinweisen Koheleths genutzt wird, wird auf die Bedeutung des Ruhmes nach dem Tod hingewiesen. Möglicherweise soll hier auf das rechte, ehrenhafte, arme Leben des Verstorbenen verwiesen werden.

Abschließend sei an dieser Stelle erwähnt, dass sich in Witten auch Gräber mit Hinweisen auf einzelne im ersten Weltkrieg gefallene Soldaten auf den Grabinschriften finden. Damit ist die Teilnahme Wittener Juden am 1.Weltkrieg belegt. Immer wieder wurde die Zeit und Tätigkeit als Soldat im ersten Weltkrieg vergeblich vorgebracht, um den Nationalsozialisten den eigenen Dienst am Vaterland deutlich zu machen. Auf den Friedhöfen erhielten die Gefallen zuvor eigene, mit lobenswerten Aufschriften gestalteten, Gedenksteine. So ist hier auf dem Grabstein des Friedhofs Ledderken eine Inschrift zu sehen, auf welcher der militärische Dienstgrad, nämlich "Ritter des Eisernen Kreuzes" und der Sterbeort des Soldaten Rosenbaum vermerkt ist.

(Abb. 19 Friedhof Ledderken)[54]

Auch das Wittener Tageblatt berichtete im Jahre 1920 über die Weihe der Gedenktafel in der Synagoge für die "auf dem Felde der Ehre gefallenen jüdischen Bürger".

[53] Deutsche Bischöfe (Hrsg.): Die Bibel, Einheitsübersetzung.
[54] Eigene Aufnahme

Folgende Juden aus Witten wurden im Verlauf des 1. Weltkrieges getötet: Arthur Cahn, Salomon Hanf, Emil Landau und Willy Levi.[55]

3.5 *Gebetshäuser*

Zu den Orten des Gebetes in Herbede lässt sich folgendes festhalten: Bereits 1816 feierten die wenigen Familien aus Herbede gemeinsam mit den jüdischen Familien aus Blankenstein (heutiges Hattingen), zu welcher Gemeinde die Herbeder Juden sich später auch zugehörig fühlten, ihre Gottesdienste: „Im Bezirk der Bürgermeisterei Blankenstein lebten im Jahre 1816 insgesamt 28 Juden - 3 Familien in Herbede und 1 Familie in Blankenstein -, die „in Herbede und zwar im Hause des Abraham Joseph eine Betstube" unterhielten."[56]

1843 hatte die nun seit 1920 eigenständige Synagogengemeinde Herbede einen Betsaal in der Thiestraße 12 im Erdgesschoss eines alten Fachwerkgebäudes angemietet. Ein paar Jahre später 1926 kaufte die jüdische Gemeinde das ganze Haus. Der Betsaal wurde bis Anfang 1930 genutzt und durch den Bergbauinvaliden Moses Rosengarten, der Mieter in dem Haus war, betreut. Nach diesem übernahm der Textilwarenhändler Gustav Kaufmann die Betreuung, beide waren auch für die Gottesdienste zuständig.

Nachdem sich die jüdische Gemeinde in Herbede Anfang 1930 schließlich aufgelöst hatte, wurde der Betsaal zu einer Wohnung umgebaut. Das gesamte Haus wurde 1961 abgerissen.

---

[55] Vgl. Göttmann, F. (Hrsg.): Historisches Handbuch der jüdischen Gemeinschaften in Westfalen und Lippe, 815.

[56] Stadtarchiv Herbede, ABA 362.

Witten-Herbede: Fachwerkgebäude Thiestraße 12. Im Erdgeschoß befand sich der Betsaal

(Abb. 20)[57]

Im damaligen Ortskern Wittens wurden die Gottesdienste mit Gemeindebeginn zunächst in diversen unterschiedlichen Räumlichkeiten abgehalten.

Ein erster Betsaal wurde von der Wittener Synagogengemeinde 1848 in der Weidengasse 6 angemietet. So hatte die Gemeinde dort zunächst einen Raum für die Kleinkinderschule angemietet, der auch für Gottesdienste genutzt wurde. Das Haus wurde 1860 angekauft und als Gemeindehaus, d.h. als Synagoge, Schule und Lehrerwohnung genutzt. Im Erdgeschoss befand sich von da an weiterhin die Kinderstube und im oberen Geschoss waren der Klassenraum, eine kleine Synagoge und die Unterkunft des Lehrers, damals zunächst Jacob Ostwalds, der 1863 dort einzog: „Herr Salomon Hanf brachte mich zu meinem Wohnquartier, das sich an einer düsteren Straße befand. Es sah nicht aus wie ein Haus der Andacht. Es war leicht gebaut, ein Fachwerkhaus, gedeckt von einem gemeinsamen Dach mit dem Nachbarhaus.“[58]

Nach den Aussagen Jacob Ostwald war die Synagoge in der Weidengasse nicht reichhaltig ausgestattet, lediglich eine Kanzel machte sie aus. Zudem hatte sie eine

[57] Birkmann, G.; Stratmann, H.: Bedenke vor wem du stehst, 64.

[58] Stadt Witten (Hrsg.): "Um Spott und Hohn der Wittener loszuwerden ...", 24.

Frauengalerie, welche die Frauen von den Männern durch Gitter trennte.[59] Dies ist heutzutage nur noch in orthodoxen jüdischen Gemeinden üblich.
Jedoch schon nach wenigen Jahren stellte sich heraus, dass der Betsaal für die Wünsche der Gemeindemitglieder nicht mehr ausreichend war und ein benachbarter Schmied durch seine Arbeit die notwendige Ruhe für den Gottesdienst störte. Demzufolge wurde eine Gemeindeversammlung mit dem Ziel eines Neubaus einberufen. Auf dieser gab es unter den Teilnehmern doch zunächst keine Einigkeit. Wiederholt beschloss das Repräsentanten Kollegium den Verkauf des Hauses und den Ankauf eines neuen Baugrundstückes. 1870 wurde endlich das baufällige Haus in der Weidengasse an den Gastwirt Borgmann verkauft.
Ein neues Grundstück wurde 1871 an der Nordstraße 19 erworben.[60]
Bis eine neue Synagoge vollständig eingerichtet war, nutzte die jüdische Gemeinde noch die alten Räume in der Weidengasse. Der Entwurf der jüdischen Gemeinde für eine neue potentielle Synagoge an der Nordstraße sah einen neoromanischen Sakralbau vor. Allerdings war die damalige königliche Regierung mit dem Vorhaben nicht einverstanden, vielmehr war diese der Ansicht, dass ein Schulgebäude für die jüdische Gemeinde notwendiger sei. Folglich beschlossen Vorstand und Repräsentanten der Gemeinde ein Schulgebäude zu errichten, in dem aber auch ein angemessener Beetsaal entstehen sollte. Mit der Errichtung des Schulgebäudes wurde 1872 begonnen, 1873 wurde das neue Schulhaus einschließlich der Synagoge von Jacob Ostwald feierlich eingeweiht.
Im Erdgeschoss des neuen Hauses befanden sich ein großer Klassenraum und die neue Wohnung des Lehrers Ostwald, im Obergeschoss war die Synagoge und daran angeschlossen noch ein weiterer Raum. Der Schulhof war groß und konnte gut in der Pause oder für die Gemeinde als Garten genutzt werden. Jacob Ostwald begrüßte die deutlichen Verbesserungen des Gebäudes in der Nordstraße: „Im Vergleich zu dem alten Gebäude war dies jedoch ein Märchenschloss.“[61]
Allerdings hatte die Synagoge keine komplett separate Galerie für die Frauen, was Jacob Ostwald nicht störte, allerdings die orthodoxen Mitglieder.

[59] Vgl. Ebd., 24f.
[60] Vgl. Birkmann, G.; Stratmann, H.: Bedenke vor wem du stehst, 64.
[61] Stadt Witten (Hrsg.): “Um Spott und Hohn der Wittener loszuwerden ...“, 65.

Im Jahre 1878 wurde das Haus an die Stadt Witten verkauft, jedoch mietete die jüdische Gemeinde das Haus nach einem Vertrag von 1881 weiter an.
Im gleichen Jahr wurde beschlossen, den Gottesdienst zu reformieren. Dies, sowie die fehlende Frauengalerie und einiges mehr, führten dazu, dass Samuel Kahn, ein strenger Orthodoxer, aus der Gemeinde austrat. Er richtete in seinem Haus in der Hauptstraße 58 eine orthodoxe Synagoge bzw. einen Betsaal und private Religionsschule ein.[62] Für diesen Betsaal ließ Kahn extra von Künstlern aus dem Ausland Thoraschmuck herstellen. Zu diesem Haus, ebenso wie zu den Häusern in der Weidengasse und Nordstraße, sind keine Abbildungen aufzufinden.
Die Mietverhältnisse des von der jüdischen Gemeinde nun gemieteten Hauses in der Nordstraße wurden am 10. April 1848 von der Stadt Witten aufgekündigt. Schon bald verhandelten der Vorstand und Repräsentant der Gemeinde wieder über den Ankauf eines neuen Grundstückes, um darauf nun eine Synagoge zu errichten.

3.6 *Die Synagoge in Witten*

3.6.1 Baugeschichte

An der Baukommission für die neue Synagoge nahmen die Vorstandsmitglieder der Gemeinde Ascher Löwenstein, Elias Hanf, Moritz Lindenbaum und die Repräsentanten Sally Buchthal und Phillip Stern teil. Diese Baukommission war in der Lage, in einer kombinierten Sitzung der beiden Vertretungskörper vom 5. Juni 1884 mehrere Angebote von Grundstücksbesitzern vorzulegen. Schließlich wählte diese Versammlung das Grundstück des Kaufmanns August Fischer an der Breite Straße bzw. Ecke Kurze Straße in Witten.

[62] Vgl. Birkmann, G.; Stratmann, H.: Bedenke vor wem du stehst, 62.

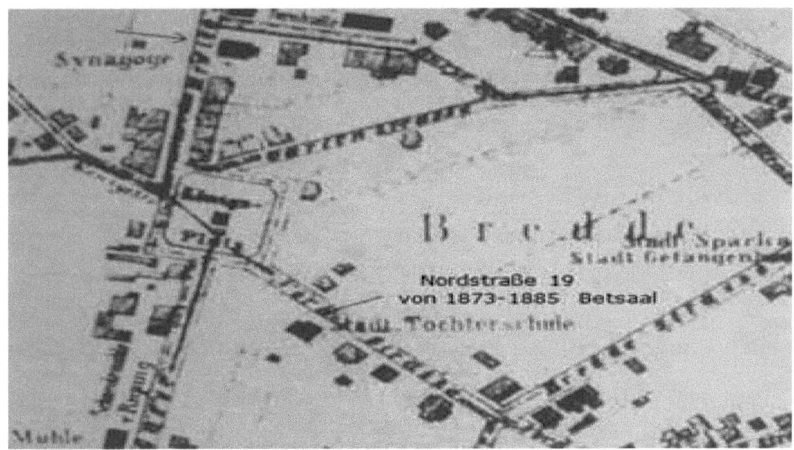

(Abb. 21 Lageplan der Synagoge)[63]

Das Grundstück lag in unmittelbarer Nähe zum Real- Gymnasium, dem heutigen Ruhrgymnasium in Witten, zwischen dem alten Dorfkern und in der Nähe des Bahnhofs, d.h. der damaligen zukunftsweisenden Eisenbahn.

Das gekaufte Grundstück war 871 m² groß und kostete 13.600 Mark. Als eigentlichen Baukosten waren 6.500 Mark einkalkuliert, diese wurden jedoch deutlich überschritten. So betrugen die realen Baukosten einschließlich Grunderwerb und einer Orgel für den Gottesdienst 80.500 Mark. Diese wurden überwiegend durch Anleihen finanziert.[64]

Am 11. Juni 1884 wurde der Architekt Franz Xaver Rademacher mit dem Entwurf eines Bauplanes betraut. Die weiteren Arbeiten an der Synagoge erfolgten durch folgende Personen:

Herrn Maurermeister P. Büscher in Witten
Herrn Zimmermeister H. Roskoth in Dortmund
Herrn Steinmetzmeister H. Redger in Witten
Herrn Dachdeckermeister A. Hengabach in Witten
Herrn Klempnermeister A. Kayser in Witten
Herrn Glasmeister W. Derix in Goch a./M.
Herrn Maler Louis Grüder in Frankfurt a./.M.
evtl. H. Hüsse in Witten[65]

---

[63] Haren, G.: Geschichte der Stadt Witten von der Urzeit bis zur Gegenwart, Witten 1924, 1010.

[64] Vgl. Göttmann, F. (Hrsg.): Historisches Handbuch der jüdischen Gemeinschaften in Westfalen und Lippe, 820.

[65] Urkunde über die Geschichte der jüdischen Gemeinde zu Witten und den Bau ihres neuen Tempels. Stadtarchiv Witten, 24.

Bei diesem Entwurf der Synagoge handelte es sich, ebenso wie bei der ursprünglich geplanten in der Nordstraße, um einen neoromanischen Sakralbau. Allerdings kamen nun Stilelemente der Gotik und der Renaissance, verziert mit maurischen Details, hinzu.
Die Grundsteinlegung erfolgte am 20. März 1885 u.a. unter Beteiligung des Bürgermeisters Bürgner, des Architekten Franz Xaver Rademacher und der beteiligten Unternehmer. Terminlich fiel die Grundsteinlegung auf den Geburtstag des Kaisers Wilhelms I., was wohl kein Zufall war. So hieß es in der Urkunde: „Morgen, am heiligen Sabbat, wird in unserem Gotteshaus eine doppelte Feier stattfinden, nämlich zum Geburtstag unseres erhabenen Kaisers Wilhelms I. und zur Grundsteinlegung unseres Tempels."[66]
Der Prediger und Lehrer Jacob Ostwald hielt zu diesem Anlass eine feierliche Ansprache und der Vorsitzende des Vorstandes der Synagogegengemeinde Löwenstein verlas die Urkunde, in welcher er den Wunsch äußerte: „Möge der Bau in so edler Absicht begonnen, auch den spätesten Geschlechtern zum Segen sein."[67]
Die Urkunde wurde von den Anwesenden unterschrieben, mit dem Siegel der Gemeinde versehen und in einen Glasbehälter gegeben. Außerdem kamen einige Münzen, ein Zeitungsexemplar und eine Bauskizze in den Behälter, welcher dann in den vermutlich hohlen Grundstein kam. Der Grundstein wurde schließlich im Bereich des Fundamentes eingemauert und wahrscheinlich bei der Zerstörung der Synagoge erst wieder entdeckt.
Am 27. September 1885 fand die Einweihung der neuen Synagoge mit einem Festgottesdienst unter der Leitung des liberalen Rabbiners Dr. Jaulus aus Aachen statt. Dr. Jaulus war als Vertretung für den erkrankten Rabbiner Dr. Frank aus Köln eingesprungen. An diesem Gottesdienst nahmen auch viele auswärtige Gäste, Vertreter des Magistrats und des Stadtverordnungskollegiums teil. Bemerkenswert im Hinblick auf die christlich-jüdische Beziehung in Witten ist, dass auch viele christliche Bürger an der Einweihung teilgenommen haben.[68]

[66] Ebd., 25
[67] Ebd., 11
[68] Vgl. Göttmann F. (Hrsg.): Historisches Handbuch der jüdischen Gemeinschaften in Westfalen und Lippe, 821.

3.6.2 Zur Architektur und Ausstattung der Synagoge

Eine Synagoge ist nicht nur als Baudenkmal zu betrachten, sondern vielmehr muss es darum gehen, zu verstehen, wie in derselben gebetet, gefeiert und gelehrt wird. Dazu ist es notwendig einen kurzen Blick auf die alte jüdische Tradition und Gottesdienstgeschichte zu werfen, bevor näher auf die konkrete Gestaltung der Wittener Synagoge eingegangen und diese mit der Tradition verglichen wird.

Zunächst ist eine Synagoge der Ort der Versammlung der jüdischen Gemeinde, ein Raum des Gottesdienstes und der Lehre. Zum Gebet müssen sich mindestens zehn Männer versammeln, dazu ist aber die Synagoge als Gebäude nicht notwendig, das erklärt die Betstuben, die auch in Witten vorhanden waren.

Die äußere Gestaltung einer Synagoge ist nicht so bedeutend wie der Innenraum. So sind völlig unterschiedliche Baustile möglich, die sich an den Finanzen und der religiösen Ausrichtung einer jüdischen Gemeinde sowie an den politischen Rahmenbedingungen orientieren.

Nach der Reichsgründung 1871 waren der Wohlstand und das Selbstwertgefühl der jüdischen Bevölkerung und der Gemeinden gestiegen. Dies kam zum Ausdruck in dem Bau vielzähliger Synagogen, vor allem in den Großstädten des Ruhrgebiets, auch in Witten, wo 1885 die Grundsteinlegung erfolgte. Fast überall im Ruhrgebiet wurden die Bethäuser und Räume nun abgelöst von repräsentativen Prunkbauten der Synagogen, die den stark angewachsenen Gemeinden nun als Gotteshäuser dienten. Diese Prunkbauten prägten die Bilder der Ruhrgebietsstädte entscheidend. Heute ist alleinig die Alte Synagoge in Essen erhalten, alle anderen des Ruhrgebiets wurden im November 1938 zerstört.

Sofern es die Umgebung der Ortschaften zuließ, sind die Synagogen meistens nach Osten in Richtung Jerusalem ausgerichtet. In diese Tradition der Ausrichtung nach Ostern sind religionsgeschichtliche Überlieferungen eingeflossen. So sind die Räume auf den Weg des Lichtes ausgerichtet.[69] Die örtlichen, großstädtischen Gegebenheiten des Ruhrgebiets erschwerten jedoch die Ausrichtung der Synagogen vor Ort.

Entwicklungsgeschichtlich lassen sich unterschiedliche Typen von Synagogen unterscheiden. Der erste Typ verfügte noch nicht über eine Apsis, und die Schriftrollen wurden in einem Raum nebenan aufbewahrt. Die Halle der Synagoge war dreischiffig und an deren Rückwand sowie an den Seitenwänden waren Bänke angebracht, eine

[69] Vgl. Birkmann, G.; Stratmann, H.: Bedenke vor wem du stehst, 17.

Treppe in einem Turm führte zur Frauenempore. Die zweite Variante war der Breithaustyp. Der Eingang lag an einer der beiden Schmalseiten des Gebäudes und die Jerusalem zugewandte Längsseite erhielt eine Apsis oder Nische als Platz für den Thoraschrein. Bei der dritten Art des Synagogenbaus wurde, wie bei zeitgenössischen christlichen Kirchen, ein Basilikagrundriss verwendet. Durch eine Vorhalle konnte man in den Hauptraum gelangen, welcher durch zwei Säulenreihen in drei Schiffe geteilt war. An den Seitenwänden waren Steinbänke. Die nach Jerusalem ausgerichtete Schmalseite lag dem Eingang gegenüber, geformt, wie eine Apsis, die den Thoraschrein enthielt. Es gab viele Symbole und Inschriften.[70]

Der Thoraschrein in einer Synagoge erinnert an die Bundeslade im Tempel, in diesem wird die Tora aufbewahrt. Dieser Schrein steht meistens vorn in einer Synagoge und wird durch einen bestickten Vorhang abgedeckt. Oft werden auf dem Vorhang Tiere abgebildet oder die Gebetstafeln. Häufig wird der Vorhang von wohlhabenden Mitgliedern einer jüdischen Gemeinde gespendet. Die Birma ist ein erhöhter Platz zur Verlesung der Thora und besteht meistens aus einem erhöhten Pult oder einem Tisch, ähnlich wie ein Ambo. Sie ist der zentrale Ort in einer Synagoge, an dem die Tora gelesen wird. Auch die Birma ist häufig verziert und kunsthandwerklich gefertigt. Die Zentrierung der Birma in der Mitte des Raumes erachteten damalige orthodoxe Rabbiner als unerlässlich. Es sollten alle gleichermaßen um die Birma versammelt sein können, um zu hören und zu verstehen. Vielleicht war die Platzierung der Birma auch ein Anstoßpunkt für die orthodoxen Mitglieder der Wittener Gemeinde. Denn bei vielen Neubauten setze sich im 19. Jahrhundert durch, dass die Birma unmittelbar vor dem Thoraschrein platziert wurde, da von der Birma, ähnlich wie in einer Kirche, auch gepredigt wurde. Es sollte vermieden werden, dass die Zuhörer hinter dem Rücken des Predigers saßen. Später wurden sogar Kanzeln in Synagogen errichtet, wiederum in Anlehnung an den Kirchbau.

In den Synagogen sollte durch die Errichtung einer separaten Frauenabteilung verhindert werden, dass die Männer beim Beten irritiert werden. So wie es separate Bänke für Frauen gab, gab es auch sogenannte Armenbänke, diese sollten gewährleisten, dass die Teilnahme am Gebet nicht vom Einkommen der Menschen abhing.[71]

---

[70] Vgl. http://relilex.de/synagoge-baustile/ (abgerufen am 05.03.2018)

[71] Vgl. Birkmann, G.; Stratmann, H.: Bedenke vor wem du stehst, 20.

Zuletzt ist an dieser Stelle noch die Orgel, als mögliches Instrument für den Gottesdienst in einer Synagoge zu erwähnen. Als Inbegriff christlicher Kirchenmusik schafft dies Instrument eine Verbindung zwischen jüdischen und christlichen Gottesdiensten und stellte dadurch für einige Orthodoxe die jüdische Identität infrage. Dementsprechend kam es auch in Witten dazu, dass einige Mitglieder aufgrund der dort vorhandenen Orgel extra Gottesdienste in traditioneller Form feierten.

3.6.2.1 Zur äußeren Gestaltung der Synagoge

Im Jahre 1870 war bereits der Bau einer Synagoge in Witten geplant, der damals aufgrund des Einschreitens der kaiserlichen Regierung nicht zustande gekommene ersten Entwurfs eines Baus einer Synagoge unterschied sich in einigen Punkten von dem 1884/1885 verwirklichten Bauplan.

Bei beiden Entwürfen handelte es sich allerdings um neoromanische Sakralbauten, was an den Rundbögen und Rundbögenfenstern zu erkennen ist.

Jedoch basiert der frühere Entwurf von 1870 auf dem Bautyp eines länglichen Saalbaus. Das Eingangsportal mit den neoromanischen Rundbögen lag an der Westseite, zu dessen beiden Seiten jeweils zwei und in der oberen Etage drei Rundbogenfenster geplant waren. Dieses Motiv wiederholte sich an der Nord- und Südseite, allerdings waren dort die mit der Form der Fenster korrespondierenden Portale von zwei kleinen Türmen umgeben. Diese waren ebenso wie der Dreickesgiebel mit Zinnen besetzt. Außerdem war auch der Dachabschluss von allen vier Seiten mit Zinnen versehen. In einem von kleinen Türmen umgebener Vorbau stand im Zentrum eine neogotische, ausfällige Fensterrose. Der östlich gelegene Anbau zum zweigeschossigen Gottesdienstraum war als Ausbuchtung für den Thoraschrein konzipiert worden.

An den vier Ecken waren Seitentürme mit barocken Zwiebelhauben geplant, wobei die die zur Straße zeigenden Türme die rückwärtigen an Höhe, Umfang und Ausgestaltung überragten.

Die äußere Gestaltung des ersten Synagogenentwurfes erscheint mit der Doppelturmfassade an einen christlichen Kirchenbau angelehnt. Allerdings sind die schlanken, minarettartigen Seitentürme vermutlich an die maurische-arabische Synagogenarchitektur angelehnt. Diese Verwendung arabischer Kunstelemente könnte die Freiheit der Juden in einer christlichen Gesellschaft betonen.

(Abb. 22 Entwurf Synagoge 1870, Westseite)[72]

(Abb. 23 Entwurf, Synagoge 1870 Ostseite)[73]

[72] Stadtarchiv Witten, 880 I a 7 Bd 1
[73] Ebd.

Im Gegensatz zum ersten Entwurf der Wittener Synagoge basierte der Entwurf von 1884 auf dem Bautyp eines länglichen Hallenbaus, welcher inhaltlich viel reduzierter und weniger auffallend war als der erste Entwurf. Es ist anzunehmen, dass so ein prunkvoller Baustil wie 1870 nicht mehr als notwendig erachtet wurde, da nach der Reichsgründung das Selbstwertgefühl der jüdischen Gemeinde gestiegen war.
An beiden Seiten des Eingangs war, ähnlich wie bei dem ersten Entwurf, ein schlicht neoromanisches Doppelfenster geplant. Die drei Fenster im oberen Geschoss orientierten sich jedoch mehr an entsprechenden Vorbildern der Renaissance. Über dem mittleren Fenster befand sich ein gotisches Vierpassfenster, welches wesentlich schlichter gestaltet war als die 1870 geplante spätgotische Fensterrose. Dieses Vierpassfenster bildete zusammen mit dem mittleren Fenster im Obergeschoss und dem Eingang das zentrale Element der vorderen Fassade. Die Kuppel der Synagoge erinnert an das Motiv eines Pinienzapfens. Der Pinienzapfen galt als Fruchtbarkeitssymbol und könnte das Aufblühen der jüdischen Gemeinde verbildlicht haben. Die Kuppel ruhte quasi als Dachreiter auf einem mehreckigen Tambour oberhalb des westlichen Querschiffes. Diese Gestaltung des Eingangs wiederholt sich am Gebäude insgesamt viermal, je zweimal an den beiden Längsseiten. Die Eingangssituation der Synagoge war also nicht so eindeutig hervorgehoben wie im ersten Entwurf, zudem verlor die Synagoge nach außen hin, aufgrund der Reduktion des für Sakralbauten typischen Turms, die Gestalt eines Sakralbaus. Vielmehr erinnerte die Synagoge an ein Rathaus, gegensätzlich zum Entwurf von 1870, in welchem die Synagoge durch die beiden Türme stärker an die Gestalt einer Basilika angelehnt war.

(Abb. 24 Synagoge in Witten im Jahre 1911)[74]

[74] WAZ, Funke Medien-Gruppe, Ausgabe Witten, Lokalteil, 10. November 2017.

Abschließend kann an dieser Stelle gesagt werden, dass die profanere Architektur der Synagoge aus dem Jahr 1885 ein Indiz für das schlechtere gesellschaftlich Klima, zu Ungunsten der Juden, war. Indem die jüdischen Gemeinde den Baustil der Synagoge der Umgebung anglich und auf eine aufsehenerregende Formsprache verzichtete, reagierte sie auf verstärkt auftretende, antijüdische Tendenzen in Teilen des durch die Entwicklung des Kapitalismus verunsicherten Bürgertums.

3.6.2.2 Zur inneren Gestaltung der Synagoge

Das Innere des Synagogenentwurfes von 1870 lässt sich nur in Ansätzen rekonstruieren. Jedoch ist anzunehmen, dass nach den überlieferten Plänen getrennte Eingänge für Männer und Frauen vorgesehen waren.

Im Grundriss ist zu erkennen, dass der Betraum durch vier Sitzreihen gegliedert war, welche auf das Pult des Vorbeters und den Schrein ausgerichtet waren. Das Pult und der Schrein waren vorn im Zentrum auf einer Erhöhung angelegt, ähnlich wie der Altar in christlichen Kirchen oft durch Stufen erhöht ist.

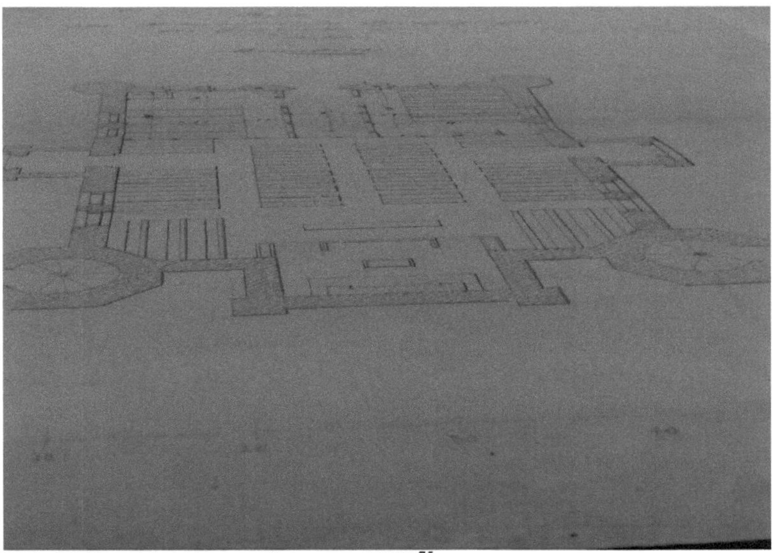

(Abb. 25 Grundriss, Entwurf Synagoge 1870)[75]

[75] Stadtarchiv Witten, 880 I a 7Bd 1

(Abb. 26 Querschnitt des Entwurfes 1870)[76]

Ob im Obergeschoss auch Räume für die Gemeindeangestellten vorgesehen waren ist nicht bekannt. Des Weiteren ist auf den Plänen kein Hinweis auf eine Entwässerungsanlage, für mögliche Toiletten für die Gottesdienstbesucher, zu finden. Ebenso wie im Entwurf von 1870 kann der Synagogenbautyp aus dem Jahre 1885 als Basilikagrundriss eingeordnet werden. Auch hier gelangte man durch eine Vorhalle in den Hauptraum. Die nach Jerusalem ausgerichtete Seite lag dem Eingang gegenüber. Der Betraum reichte bis zum östlichen Querschiff. Es schloss sich, vom Betraum durch ein Eisengitter getrennt, die Estrade mit dem Rednerpult und dem Schrein in der Mitte an.

Im westlichen Querschiff befand sich rechts vom Eingang ein Treppenaufgang. Über diesen konnte man in das obere Geschoss und auf die Empore gelangen. Außerdem befand sich rechts des Eingangs ein weiterer Raum, möglicherweise eine Garderobe. Nach Geschlechtern getrennte Eingänge gab es bei dieser Synagoge nicht mehr, obwohl dies angesichts der Lage der Synagoge möglich gewesen wäre. Scheinbar hatte der Gedanke der Reform beim Bau der Synagoge bereits eine Rolle gespielt. Dieser Reformgedanke wurde auch bei der Gestaltung des Gottesdienstes bzw. allgemein im religiösen Leben der Gemeinde deutlich.

[76] Ebd.

3.7 *Das religiöse Leben*

Bereits 1879 im alten Betsaal hatte die Wittener jüdische Gemeinde damit begonnen einen Chor zu bilden, der sowohl hebräische als auch deutsche Lieder sang. Bald darauf wurde ein Harmonium angeschafft und 1881 wurde der gesamte Gottesdienst reformiert.

In der großen Synagoge wurde das Harmonium schließlich durch eine Orgel ersetzt. Durch diese glich man sich den Gottesdiensten in christlichen Kirchen an. Der Reformwille der Gemeinde kam auch in der Urkunde zum Synagogenbau zu Ausdruck, in der darauf verwiesen wurde „daß der lieben deutschen Muttersprache beim Gottesdienst mehr Eingang beschafft wurde.“ [77] So wurde nicht nur in Deutsch gesungen, sondern auch die Gebete fanden in deutscher Sprache statt. Die Verwendung der deutschen Sprache, so nahm man an, kam besonders der Gemeindejugend entgegen. Ob auch als liturgische Kleidung ein Talar nach dem Vorbild der evangelischen Gemeinden, über dem ein Halsschal anstelle des traditionellen Gebetsmantels getragen wurde, ist bis heute ungeklärt.

Des Weiteren wurde auch die Begräbnisliturgie reformiert, Jacob Ostwald berichtete: „der schwierigste Schritt, um Spott und Hohn der Wittener loszuwerden betraf die totale Änderung der Begräbniszeremonie.“ [78] Jacob Ostwald schildert in seinen Aufzeichnungen frühere, jüdische Begräbnissen, bei denen der Sarg geöffnet wurde, um Erinnerungsgegenstände hineinzulegen. Dies stieß auf den Spott einiger Christen. Zudem wurde die Liturgie auf Hebräisch praktiziert. Jacob Ostwald änderte diese Begräbnisliturgie „nach und nach erlangten unsere Begräbnisse Würde, und die Nichtjuden trauten uns Feinfühligkeit und Liebe für die Toten zu.“[79]

Die Reform in der jüdischen Gemeinde traf jedoch nicht nur auf Zustimmung. So sahen orthodoxe Vertreter z.B. die hebräische Sprache als notwendige Verbundenheit zu ihrer ursprünglichen Heimat an. Samuel Kahn, der noch in den 50er Jahren des 19. Jahrhunderts Mitglied des Vorstandes und Anfang der 70er Jahre Repräsentant der Synagogengemeinde war, verließ 1879 die Wittener Synagogengemeinde. Zusammen mit zwei anderen orthodoxen Gemeindemitgliedern gründete Samuel Kahn eine

[77] Urkunde über die Geschichte der jüdischen Gemeinde zu Witten und den Bau ihres neuen Tempels. Stadtarchiv Witten, 10.

[78] Stadt Witten (Hrsg.): “Um Spott und Hohn der Wittener loszuwerden ...“, 35.

[79] Ebd., 39

eigene Religionsgemeinde und richtete in seinem eigenen Haus einen Betsaal und eine Religionsschule ein.

3.8 *Das jüdische Schulwesen*

Im Judentum wurde stets auf Unterricht, Studium und Gelehrsamkeit großen Wert gelegt. So blieb nach der Zerstörung des Jerusalemer Tempels und dem Ende des Opferkultes die jüdische Religion als reine Buchreligion bestehen. Das Lesen und Verstehen der Thora als wichtigstes Buch gehört zur Voraussetzung für die vollständige Mitgliedschaft einer Gemeinde.

Darüber hinaus ist das Lernen seit Jahren hilfreich für das Überleben des Judentums. So hilft es beim Bestehen in einer möglichen fremden Umwelt und auch im Wandel politischer, gesellschaftlicher Verhältnisse, so hat es sicher auch während des Nationalsozialismus zum Überleben beigetragen. Dabei darf der Glaube nicht vergessen werden. Auch auf dem Weg von der traditionsgebundenen jüdischen Welt in die deutsche Kultur spielten, Erziehung und Bildung eine wichtige Rolle.

Allgemein lässt sich sagen, dass die Entwicklung des jüdischen Schulwesens im 19. Jahrhundert die Emanzipationsgeschichte des Judentums widerspiegelt. Am Ende des 18. Jahrhunderts wurden anstelle alter Religionsschulen, alter Grundschulen, jüdische Schulen errichtet, in welchen nun auch, neben der jüdischen Tradition, weltliche Inhalte unterrichtet wurden. Mit der Errichtung einer eigenen Schule war für die jüdischen Gemeinden auch die Anstellung eines Lehrers verbunden, so in Witten zunächst mit dem Lehrer Rosenbaum und anschließend Jacob Ostwalds.

Teilweise jedoch hatten die christlichen Schulen hinsichtlich der Bildung einen besseren Ruf, so dass die Tendenz aufkam, jüdische Kinder an öffentlichen Schulen anzumelden. Zugleich aber sollte das Bildungsniveau der jüdischen Schulen gehoben werden. So beklagte auch Ostwald das geringe Bildungsniveau und die fehlende Moral vor allem der Ostjuden. Zudem bemerkte Ostwald, dass in Witten nur wenige Juden ihre Kinder in die öffentlichen protestantischen Schulen schickten. Im Gengensatz dazu verteilten sich in der gesamten Provinz Westfalen die jüdischen Kinder zur Hälfte auf die christlichen und die jüdischen Schulen.[80]

---

[80] Vgl. Birkmann, G.; Stratmann, H.: Bedenke vor wem du stehst, 31.

Die jüdische Gemeinde in Witten gründete auch erst 1860, verhältnismäßig spät, eine Privatschule, an der bis 1863 Simon Rosenbaum 26 Stunden pro Woche im Gemeindehaus an der Weidengasse 6 unterrichtete. Nachdem Rosenbaum gekündigt hatte, wurde der ambitionierte Reformer Ostwald sein Nachfolger. 1870 wurde die Schule schließlich in eine öffentliche umgewandelt.

Mit dem Beschluss des Schulvorstandes und der Schulrepräsentanten zur Auflösung der Schulgemeinde gingen die Schule und das Vermögen an die Stadtgemeinde über. 1873 wurde ein Schulhaus an der Nordstraße 19 errichtet, in dem sich auch der Betsaal befand.

Im Jahre 1871 besuchten 42 Kinder die einklassige jüdische Volksschule in Witten. Bereits 1874 bis 1877 wurden mehr Kinder - nämlich 60 - dort unterrichtet. Diese Zahl ging in den 1880er und 1890er Jahren wieder zurück. Zu diesem Zeitpunkt besuchten nur noch zwischen 30 und 53 Kinder die Schule. Die Anzahl der Kinder war weiter rückläufig, so waren es von 1900 bis 1920 nur noch zwischen 24 und 42 Kinder.[81] Folglich kämpfte die Wittener Synagogengemeinde aufgrund der abnehmenden Schülerzahl seit 1926 um den Erhalt ihrer Volksschule. Schließlich folgte die Schließung der jüdischen Volksschule aufgrund zu geringer Schülerzahl im Frühjahr 1933. Die 15 verbleibenden jüdischen Kinder wurden auf andere Grundschulen verteilt, vor allem auf die katholische Breddeschule. Dies könnte ein Anzeichen für die Toleranz der Katholiken gegenüber Andersgläubigen in Witten gewesen sein.

Bei den weiterführenden Schulen blieb generell der christliche Einfluss dominant. Jüdische Kinder, die sich für ein Studium qualifizieren wollten mussten zwangsläufig christliche Gymnasien besuchen. So gab es keine eigenen jüdischen Gymnasien, auch nicht in Witten.

In Witten gingen jüdische Jungen ebenfalls zum christlichen Realgymnasium und jüdische Mädchen zur höheren Töchterschule, dem Lyzeum. Dort erhielten sie auch Religionsunterricht von den jeweils angestellten Kultusbeamten der Synagogengemeinde. Auch Jacob Ostwald erteilte seit 1872 zunächst am Real-Gymnasium und seit 1887 auch an der höheren Töchterschule Religionsunterricht. Der jüdische Anteil der Kinder an der höheren Töchterschule betrug 1877 10,67 Prozent und 1904 etwas weniger, nämlich 9,85 Prozent. Demzufolge überstieg der Anteil jüdischer

---

[81] Vgl. Göttmann, F. (Hrsg.): Historisches Handbuch der jüdischen Gemeinschaften in Westfalen und Lippe, 822.

Schülerinnen auf der höheren Töchterschule den der Juden an der Wittener Bevölkerung. Im Jahre 1909 ging die Anzahl zurück, so besuchten dann nur noch 47,8 Prozent der jüdischen Schülerinnen und Schüler eine höhere Schule.[82]

Durch die hohe Anzahl der Mädchen am Lyzeum wird deutlich, dass in der jüdischen Gemeinde auch die Bildung der Mädchen einen hohen Stellenwert besaß.

Im Jahre 1880 beschloss der Magistrat der Stadt Witten eine Satzungsänderung, nach welcher das Real-Gymnasium nicht länger einen sozusagen evangelischen Charakter tragen sollte.[83] Demzufolge kann man sagen, dass die Bildungspolitik der Stadt Witten gegenüber den Juden liberal und überkonfessionell ausgerichtet war. Diese Liberalität dauert jedoch nur solange, bis nahezu zeitgleich in ganz Deutschland mit der Zerstörung der Synagogen im Jahre 1938 die nationalsozialistische Regierung auch in das Schulwesen eingriff. So erwog man im Zusammenhang der NS-Bestimmungen zur Rassentrennung an öffentlichen Schulen auch in Witten im September 1935 die Einrichtung von sogenannten Judenklassen. Die Anzahl der jüdischen Schülerinnen war zu diesem Zeitpunkt in Witten jedoch zu gering für eigenständige Klassen. Es wurden zwölf sogenannte Volljuden, sieben sogenannte Halbjuden und sieben Kinder mit einem jüdischen Großelternteil an den Wittener Volksschulen ermittelt.[84] Diese konnten jedoch bis zu ihrem generellen Zwangsausschluss aus den Schulen in ihren Klassen verbleiben. So wurde 1938 generell verlangt, dass jüdische Schüler aus den sogenannten deutschen Schulen zu entfernen seien. 1942 wurde in ganz Deutschland, auch in Witten, jegliche Beschulung jüdischer Kinder untersagt.

4. Die Zeit der jüdischen Gemeinde von 1933 bis 1945

4.1 *Die Bevölkerungsentwicklung nach 1933*

Insgesamt hatte die Anzahl der jüdischen Bevölkerung im Deutschen Reich weiter abgenommen. Diese abnehmende Tendenz geht auf eine Überalterung der Bevölkerung, auf die Auswanderung vor allem junger Menschen sowie auf die

[82] Vgl. Ahland, F.: „… weit weg vom Antisemitismus, obgleich nicht weit vom Kohlenstaub", Probleme der Integration der Wittener Juden im Kaiserreich, in: Barbian, J.; Brocke, M.; Heid, L. (Hrsg.): Juden im Ruhrgebiet, 333.

[83] Vgl. Haren, G.: Geschichte der Stadt Witten von der Urzeit bis zur Gegenwart, 359.

[84] Vgl. Göttmann, F. (Hrsg.): Historisches Handbuch der jüdischen Gemeinschaften in Westfalen und Lippe, 822.

Zunahme kinderloser Ehen oder Ein-Kinderehen, welche besonders in der jüdischen Bevölkerung verbreitet waren, zurück. So sank der Anteil der Kinder unter 15 Jahren in der Zeit von 1871 bis 1933 um die Hälfte. Im Jahr 1933 gab es schließlich in der Gesamtbevölkerung neun Prozent an Kindern, die noch nicht schulpflichtig waren und bei der jüdischen Bevölkerung sogar nur knapp fünf Prozent. Darüber hinaus trug eine steigende Zahl der Mischehen zur weiteren Verminderung der jüdischen Bevölkerung bei. Diese Mischehen verdeutlichen eine Bereitschaft der Loslösung vom Judentum, da nicht gewiss war, zu welcher Seite die potentiellen Kinder sich zugehörig fühlen würden. Die entstandenen Bevölkerungsverluste der Juden wurden auch durch Zuwanderung der osteuropäischen Juden nicht ausgeglichen, zumal durch die Weltwirtschaftskrise und die Machtübernahme der Nationalsozialisten die Einwanderung zum Erliegen kam und stattdessen eine politisch bedingte Flucht aus dem Reich begonnen hatte. Folglich hatte sich im Juni 1933 die jüdische Reichsbevölkerung bereits gegenüber 1925 um elf Prozent vermindert.[85]

Auch in Witten war die Entwicklung jüdischer Einwohner rückläufig. Abgesehen von dem kurzweiligen Anstieg in der Mitte der zwanziger Jahre, nahm auch in Witten die Zahl der jüdischen Einwohner stetig ab. So lebten 1933 bei einer Gesamtbevölkerung von 72.580 Menschen in Witten nur noch 297 Juden.[86] Damit entspricht diese Entwicklung dem eben beschriebenen für das ganze Reich typischen Trend.

Hinzu kam eine starke Binnenwanderung der jüdischen Bevölkerung im ganzen Deutschen Reich. Diese führte aus den agrarischen Ostgebieten in die stärker industrialisierten Westgebiete des Reiches sowie von den Dörfern und Kleinstädten in die Großstädte. Bereits lebten 1871 lediglich 20 Prozent aller Juden in Großstädten, in dieser Zeit florierte auch die Wittener Gemeinde noch.

Später im Jahre 1910 lebten 58 Prozent aller Juden in Großstädten und 1933 sogar 70 Prozent.[87] Witten zählte damals knapp 73.000 Einwohner und war damit sicherlich kein Dorf, gehörte aber auch nicht zu den deutschen Großstädten. Im Gegensatz zu Witten wuchsen die jüdischen Gemeinden an Rhein und Ruhr gegen 1925 stark an, besonders Köln, Essen und Dortmund. Folglich lässt sich vermuten, dass auch einige Wittener Juden in die naheliegenden Großstädte Dortmund und Essen zogen, zudem

[85] Vgl. Richarz, M. (Hrsg.): Jüdisches Leben in Deutschland. *Selbstzeugnisse zur Sozialgeschichte 1918-1945*, Stuttgart 1982, 15.

[86] Vgl. Göttmann, F. (Hrsg.): Historisches Handbuch der jüdischen Gemeinschaften in Westfalen und Lippe, 815.

[87] Vgl. Richarz, M. (Hrsg.): Jüdisches Leben in Deutschland, 17.

diese mehr, durch das Aufkommen des Nationalsozialismus notwendige, Anonymität ermöglichten.

Der mit dem Nationalsozialismus verstärkt aufkommende Antisemitismus bestimmte die Berufswahl der Juden im Deutschen Reich mit. Es gab eine hohe Tendenz zur wirtschaftlichen Selbständigkeit. Diese machte die Juden unabhängiger vom Antisemitismus, und ein eigenes Geschäft oder ein Geschäft mit ausschließlich jüdischen Angestellten bot zunächst mehr Sicherheit.

Spätestens mit dem Boykott im Jahre 1933 verschwand jedoch dieser scheinbare Schutz der Selbständigkeit. Viele Juden im deutschen Reich wechselten nun mehrfach ihren Wohnort.

Vertreibung und Verschleppung der jüdischen Bevölkerung aus Witten 1933–1945.

Jüdische Bürger, die vor und/oder nach 1933	verzogen/flüchteten, emigrierten				verzogen insgesamt	in Witten geblieben	Personen insgesamt
	im Dt. Reich	Nachbarländer		Übersee			
in Witten gewohnt haben	167	12	41	94	314	171	485
davon verzogen							
in eine andere deutsche Gemeinde	167	(12)[1]	-	-	179	-	167/179
in ein (1938-45) besetztes Nachbarland	-	(12)[1]	41	-	53	-	53/41
davon							
in ein freies Land emigrierten	30	2	7	94	133	-	133
illegal/legal überlebten	9	2	5	-	16	16	32
Selbstmord verübten	3	-	2	-	5	3	8
deportiert wurden	90	5	16	-	111	109 [2]	220
davon							
ermordet wurden	74	5	14	-	93	69	162
überlebt haben	11	-	2	-	13	39	52
unbekannt	5	-	-	-	5	1	6
verstarben [3]	12	-	2	-	14	42	56
ungeklärt	23	3	9	-	35	1	36
davon							
Polenaktion	5	-	1	-	6	-	6
Sonstige	18	3	8	-	29	1	30
Ermordet/Selbstmord	77	5	16	-	98	72	170
überlebt	50	4	14	94	162	55	217
Ungeklärt	28	3	9	-	40	2	42
verstorben [3]	12	-	2	-	14	42	56

(Abb. 27)[88]

[88] Stadt Witten: „… und vergessen kann man das nicht“, XXXII.

Die Tabelle verdeutlicht, dass von den 485 Juden, die zwischen 1933 und 1945 in Witten lebten, 314 entweder in andere Gemeinden Deutschlands verzogen oder gar in die Nachbarländer bzw. nach „Übersee“ geflüchtet sind. Nur 171 jüdische Bürger blieben in Witten, von denen wiederum 42 verstarben und 109 deportiert wurden, so dass 1945 lediglich 55 am Leben waren.

Insgesamt sind von den 485 aus Witten verfolgten und vertriebenen Juden 170 während der Schoah umgekommen. Unter diesen haben 8 Suizid begangen, 56 sind verstorben und von 42 Menschen ist das Schicksal bis heute unbekannt.

Die Auswirkungen der nationalsozialistischen Herrschaft in Witten werden im Folgenden dargestellt.

4.2 *Die Anfänge des Nationalsozialismus*

Mit dem Fortschreiten der Emanzipation der jüdischen Bevölkerung, z.B. durch die Auswanderung in die Großstädte, begann jedoch vermehrt auch wieder die jahrhundertealte Judenfeindlichkeit in einer neuen Form des politischen bzw. rassistischen Antisemitismus. Dieser stellt die Voraussetzung für die Rassenpolitik der Nationalsozialisten dar. Mit der Ernennung Hitlers zum Reichskanzler erlangte der Rassenantisemitismus in Deutschland eine Wirkungsmöglichkeit, die bisher unvorstellbar schien.

Diese neue Situation und ihre möglichen Folgen richtig zu erkennen fiel den in bildungsbürgerlichen Traditionen aufgewachsenen Juden zunächst schwer. Die Mehrheit der Juden konnte sich nicht vorstellen, dass eine Partei, die die Emanzipation der Juden aufheben wollte, solch eine Macht erlangte und diese auch erhielte. Lediglich die Sozialisten und Kommunisten unter den Juden waren sich sofort ihrer Bedrohung bewusst. Viele unter ihnen flüchteten nach dem Reichstagsbrand aus Deutschland oder tauchten unter.[89]

Erst mit dem reichsweiten Boykott am 1. April 1933 wurde die von den Nationalsozialisten ausgehende Gefahr für die jüdische Bevölkerung mehr und mehr deutlich. Dies war die erste staatlich geplante und organisierte antijüdische Aktion von größerem Umfang. Boykottiert wurden jüdische Geschäfte, Kanzleien, Arztpraxen und einiges mehr. Der konkrete Ablauf des Boykotts und seine Folgen in Witten

[89] Vgl. Richarz, M. (Hrsg.): Jüdisches Leben in Deutschland, 41.

werden an späterer Stelle dargestellt. Wichtig ist es jedoch, an dieser Stelle zu erwähnen, dass auch das Ruhrgebiet einen wesentlichen Schauplatz der Geschichte des Judentums unter der Herrschaft des Nationalsozialismus darstellte. Der Boykott war so vor allem in den Großstädten des Ruhrgebiets der Auftakt zur Arisierung des gesamten Handels, der Industrie und der Banken. Das kulturelle Leben im Ruhrgebiet wurde, in Essen, wo es während der Weimarer Republik vor allem aufgrund großzügiger Spenden aus der jüdischen Bevölkerung florierte, nun endgültig "entjudet".[90]

Generell folgten auf den Boykott weitere Gesetze und Diskriminierungen der Juden in wirtschaftlichen und öffentlichen Bereichen in ganz Deutschland. Außerdem kam es zur Entrechtung der Juden, sie wurden gezwungen ihre Ämter und Funktionen sowie ihre Mitgliedschaft in Vereinen aufzugeben.

Darauf folgten die Nürnberger Rassengesetze im September 1935. Sie stellten eine konsequente Verwirklichung der Rassenlehre dar, die die Rechte einzelner Menschen von einer sogenannten Rasse abhängig machten. Von nun an waren Juden keine Reichsbürger mehr. Zusätzlich entstand das sogenannte Blutschutzgesetz, welches Eheschließungen zwischen Juden und Nichtjuden verbot und damit stark in das Privatleben eingriff. Zusätzlich hatte das Regime nun die Definition eines Juden festgelegt. Diese Definition beruhte auf der Religionszugehörigkeit der Vorfahren. Als Jude galt, wer als von drei oder vier der Religion nach jüdischen Großeltern abstammte. Als Jude galt weiterhin, wer als "Mischling" nur zwei jüdische Großeltern hatte, aber zugleich jüdischer Religion oder mit einem Juden verheiratet war.[91]

Im Herbst des Jahres 1937 setzte für die Juden in Deutschland eine weitere Verschlechterung ein. So wurden nun Juden aus dem Wirtschaftsleben ausgeschlossen und es wurde Druck auf die jüdischen Geschäftsleute ausgeübt, ihre Unternehmen zu arisieren. Diese Arisierung betraf in Witten vor allem die großen jüdischen Kaufhäuser, eine genaue Erörterung dessen folgt.

Schließlich wurde das Attentat Herschel Grünspans auf einen Angehörigen der deutschen Botschaft in Paris im November 1938 zum Anlass für die Reichspogromnacht genutzt, in welcher auch die Synagoge in Witten vollständig

---

[90] Vgl. Barbian, J.: „Wenn ich dich liebe, dann geht es dich an". Jüdische Geschichte als integraler Bestandteil der Ruhrgebietsgeschichte, in: Barbian, J.; Brocke, M.; Heid, L. (Hrsg.): Juden im Ruhrgebiet, 13.

[91] Ebd., 47

zerstört wurde. „Wir sahen die Synagoge brennen" heißt es in einem Zeitungsartikel aus dem Jahre 2017.[92] Die Ereignisse in Westfalen insgesamt betrachtend wird deutlich, dass der 9. November 1938 aus einer längeren Entwicklung hervorging und den Höhepunkt darstellte. So wurden in Dortmund-Hörde und in Witten bereits am 5. November 1938 die Synagogen aufgebrochen und Kulturgegenstände sowie das Mobiliar demoliert.[93]

Mit Beginn des Zweiten Weltkrieges 1939 war den Juden eine Auswanderung aus Deutschland kaum noch möglich, vielmehr wurden sie in ihren Wohnorten in sogenannten Judenhäusern konzentriert, bis das NS-Regime 1941 die endgültige Ermordung aller Juden beschloss. Die Menschen im Ruhrgebiet, so auch in Witten, verhielten sich bei den Maßnahmen gegen die jüdische Bevölkerung in der Regel genauso indifferent und unsolidarisch wie die restliche Mehrheit der Bevölkerung in Deutschland.[94]

4.2.1 Die Anfänge des Nationalsozialismus in Witten

In Witten fand der Antisemitismus, wie überall, Resonanz. Es bildete sich eine antisemitische Bewegung um den Wittener Arzt Dr. Adolf König und den Spielwarenhändler Lange-Littich.

Bemerkenswert ist, dass dieses Spielwarengeschäft bis ins Jahr 2004 in Witten bestand. Dr. König war ab 1876 Arzt in Witten und Arzt des heutigen Diakonissenkrankenhauses. Außerdem war er fünf Jahre Stadtverordneter und sechs Jahre Magistratsmitglied in Witten. Er gehörte zu den führenden Personen des protestantisch geprägten Antisemitismus. Unterstützung erhielten der Spielwarenhändler und Dr. König von dem bekannten Hofprediger Adolf Stöcker. Dieser war evangelischer Theologe und Politiker, er war Mitgründer der sogenannten Berliner Bewegung, einer antisemitischen Sammelbewegung. Adolf Stöcker hatte Witten zu seinem westfälischen Stützpunkt gemacht und bereiste von dort aus das Umland mit der Parole „Kauft nicht bei Juden".[95] So war Stöcker bekannt als christlich-orthodoxer Prediger und Volksredner.

[92] WAZ, Funke Medien-Gruppe, Ausgabe Witten, Lokalteil, 17. November 2017.
[93] Vgl. Birkmann, G.; Stratmann, H.: Bedenke vor wem du stehst, 38.
[94] Vgl. Barbian, J.; Brocke, M.; Heid, L. (Hrsg.): Juden im Ruhrgebiet, 13.
[95] Vgl. Reicher, B.(Hrsg.): Jüdische Geschichte und Kultur in NRW, 250.

Die judenfeindlichen Handlungen brachten 1889 den "Allgemeinen Antisemitentag" in Bochum mit sich und führten zudem zur Gründung der "antisemitischen deutsch-spezialen Partei", die die Bekämpfung der Juden zum Parteiprogramm hatte.
In Witten saß Dr. König Ende des 19. Jahrhunderts in der Stadtverordnetenversammlung, er hatte 1886 den „Deutschen Verein für Witten und Umgebung" gegründet und den eben erwähnten Hetzprediger Stöcker nach Witten eingeladen. Adolf Stöcker hielt 1886 in Witten einen Vortrag über die Judenfrage, in welchem er die sogenannten nationalen Unterschiede zwischen Deutschen und Juden wie folgt erläuterte: „die Juden [...] wollten die Vortheile des deutschen Staatsbürgers, aber auch die Vortheile des internationalen Judenthums genießen. Seien denn die Juden [...] Deutsche? [...]; nun, sie mögen ja was Deutsches an sich haben, aber Deutsche seien sie keineswegs."[96]
Daraufhin berichtete die Tageszeitung von Zwischenrufen der Zuhörer, welche lauteten „Sehr Wahr! Juden raus raus."[97]
Des Weiteren hieß es in Stöckers Vortrag: „Es sei bekannt, dass die Juden sich unglaublich überschätzen [...]." In der Alliance israelite sei es offen ausgesprochen worden, dass die Juden die Weltherrschaft anstrebten. Die religiösen Ansichten betreffend hieß es weiterhin: „Den Gedanken an einen zukünftigen Erlöser hätten die Juden aufgegeben und an Stelle des Alten Testamentes den Talmud gesetzt. Sie glauben, die messianische Zeit würde dann gekommen sein, wenn ihr Geld die Völker besiegt. Lumpen müssten die Deutschen doch sein, wenn sie sich dies ruhig gefallen ließen."[98] In diesem Vortrag werden Stöckers hetzende, antisemitischen Ansichten besonders deutlich. Diese Rede Stöckers prägte die Einstellungen der Wittener Bürger schon deutlich vor 1933.
Die lokale Politik in Witten über Stöckers Wirken hinaus betrachtend, ist festzustellen, dass in Witten sowie in Dortmund die Sozialdemokraten ihre hegemoniale Stellung, im Gegensatz zu anderen Städten des Ruhrgebiets, erst nach dem Zweiten Weltkrieg erlangten. Die Sozialdemokraten lagen in ihrer Gesamtheit bei den Reichstagswahlen in Witten auf dem jeweiligen Gebietsstand meist knapp unter 50 Prozent, der Anteil der Stimmen des nationalen Lagers bewegte sich von 1920 bis 1932 mit aufsteigender

[96] Westfälische Reform, Nr. 48, 28.11, Dortmund 1886.
[97] Vgl. Ebd.
[98] Ebd.

Tendenz zwischen 30 und 40 Prozent, das katholische Lager fiel von ca. 18 auf 13 Prozent.[99]

Im September 1925 wurde in Witten eine Ortsgruppe der NSDAP gegründet. Max Pithan, der für die Fraktion der Rechten in der Stadtverordnung saß, war damaliger Ortsgruppenleiter. Von nun an wurden Sympathisanten, vor allem in den Jugendbünden und bei der orientierungslos gewordenen Mittelschicht, gesucht. Des Weiteren fanden sich auch Sympathisanten für die NSDAP im sogenannten Stahlhelm-Bund der Frontsoldaten, Ortsgruppe Witten. Seit 1929 kooperierten Stahlhelm und NSDAP in Witten. Die NSDAP in Witten erreichte 1930 einen Aufstieg, jedoch blieb die NSDAP in Witten bei den Reichstagswahlen ein Fünftel unter den Wahlergebnissen auf Reichsebene. Die Ursache dessen liegt wahrscheinlich in dem hohen Anteil Wittener Industriearbeiter.

Dennoch kam es nach der Ernennung Hitlers zum Reichskanzler auch in Witten zur Machtergreifung der NSDAP. Doch anlässlich der Machtübernahme Hitlers kam es in der durch etliche Arbeiter geprägten Ruhrgebietsstadt Witten zu Gegendemonstrationen der SPD und der Eisernen Front, die jedoch durch die SA und SS gewaltsam beendet wurden.

Woher jedoch kamen die Stimmen der NSDAP in Witten?

Die NSDAP holte ihre Stimmen vor allem aus dem protestantisch-bürgerlichen Milieu. Im Unterschied dazu trugen die Katholiken in Witten nur wenig zum Erfolg der NSDAP bei. Des Weiteren erhielt die NSDAP wahrscheinlich erheblichen Zulauf von Neuwählern, dabei vor allem von jungen Wählern. Ein Gewinn von SPD und KPD Wählern ist der NSDAP jedoch nur vereinzelt gelungen.

[99] Vgl. Dahlmann, H.-C.: Arisierung und Gesellschaft in Witten. *Wie die Bevölkerung einer Ruhrgebietsstadt das Eigentum ihrer Jüdinnen und Juden übernahm,* Berlin 2007, 52.

Eine Übersicht der prozentualen Verteilung bietet die folgende Tabelle:

Woher kamen die Stimmen der NSDAP in Witten bei den Reichstagswahlen?[17]				
Ergebnisse in % nach Milieus	1930	Juli 1932	Nov. 1932	1933
Deutsches Reich	18,3	37,4	33,1	43,9
Witten	**15,0**	**29,8**	**26,1**	**33,8**
Protestantisch-bürgerliches Mittelschichtsmilieu im Breddeviertel	27,6	45,6	38,0	45,9
Überwiegend bürgerliches Mittelschichtsmilieu in Annen-Zentrum	12,4	28,6	26,7	34,9
Katholisches Arbeitermilieu im Marienviertel	10,1	21,2	18,8	23,8
Protestantisches Arbeitermilieu in Witten-Ost	12,1	22,9	20,2	24,3
Protestantisches Köttermilieu in der Borbach	10,3	18,9	15,5	22,1
Überwiegend Protestantisches Arbeitermilieu am Hüllberg	10,8	25,5	23,6	28,5

(Abb. 28)[100]

Die Summe der Ereignisse führte schließlich die nationalsozialistische Machtergreifung in Witten politisch, kulturell und gesellschaftlich im Sommer 1933 zum endgültigen Abschluss.

Die NSDAP wollte jedoch auch ihren Einfluss auch auf die Kirchen ausdehnen, folglich wurde in Witten-Herbede im Juli 1933 die Glaubensbewegung "Deutsche Christen" gegründet. Im ländlichen Witten-Herbede waren die örtlichen Viehhändler besonders Ziel antijüdischer Maßnahmen. So wurden jüdische Viehhändler im Mai 1933 vom Bochumer Schlachthof ausgeschlossen.[101] Hier wird eine Verbindung von antisemitischer Ideologie und gewinnbringender Ausschaltung der Konkurrenz deutlich.

Für die jüdische Gemeinde in Herbede hatten die antijüdischen Maßnahmen zunächst nur wenige Auswirkungen, so blieb ihre Größe mit 30 Mitgliedern 1933 relativ konstant. Auch sind bis 1935 für Herbede nur sehr wenige Hinweise überhaupt auf antijüdische Aktionen bekannt.

---

[100] Dahlmann, H.-C.: Arisierung und Gesellschaft in Witten, 53.

[101] Vgl. Därmann, J.; Scheibe, A.: Unser Dorf ist judenrein. *Die Geschichte der jüdischen Gemeinde Herbede im 20. Jahrhundert*, Witten Herbede 1989, in: Jahrbücher VfOHW, Band 87, Witten 1989, 191.

Für Witten insgesamt kündigten sich allerdings weitere Folgen der nationalsozialistischen Machtergreifung, so z.B. der Boykott jüdischer Geschäfte, an. Eine Flugschrift rief mit den folgenden Zeilen zur Massenkundgebung der NSDAP auf: „Die Vernichtung des deutschen Mittelstandes durch jüdische Warenhäuser mit Hilfe des Staates.“[102] Doch auch dieser Boykott konnte von der örtlichen Parteileitung Herbedes nicht mitgetragen werden. So gab es im kleinen ländlichen Herbede schon seit einigen Jahren keine jüdischen Geschäfte mehr.

Die Folgen der nationalsozialistischen Herrschaft in ganz Witten, vor allem für die jüdischen Bürger, so auch die Arisierung, werden im Folgenden dargestellt.

4.3 *Antisemitismus und Judenverfolgung*

4.3.1 Der Boykott und die Reichspogromnacht

Am 1. April 1933 riefen die Nationalsozialisten in ganz Deutschland zum Boykott jüdischer Geschäfte, Warenhäuser, Banken, Arztpraxen und Kanzleien auf. Ziel des Boykotts war die Verdrängung der deutschen Juden aus dem Wirtschaftsleben. Am Samstagvormittag, dem 1. April hinderten Mitglieder der SA und HJ die Menschen daran, in jüdischen Geschäften einzukaufen, zusätzlich waren Plakate aufgestellt, mit der Aufforderung, nicht bei Juden zu kaufen. Allerdings hatten die Nationalsozialisten nicht bedacht, dass am Samstag der jüdische Sabbat ist und so viele der jüdischen Geschäfte geschlossen blieben. Demzufolge zerstörte die SA etliche Geschäfte, plünderte diese oder misshandelte die Besitzer.

In Witten kam es bereits kurz vor dem allgemeinen Boykott am 5. März 1933 zu Ausschreitungen gegen Wittener Juden, dabei wurden bereits jüdische Geschäfte zerstört und ihre Besitzer misshandelt. In der Nacht vom 10. auf den 11. März wurden wiederum Fensterscheiben der Geschäfte eingeschlagen. Der jüdische Kaufmann Aaron Sager wurde von der SS überfallen, das Inventar seines Ladens wurde demoliert und auf die Straße geworfen. Sager selbst wurde anschließend direkt zur Gestapo gebracht und dort schwer verletzt. Zur selben Zeit sollen alle Juden zum Wittener Rathaus bestellt worden seien, um einen Abtransport vorzutäuschen. Solche Schikanen passierten bereits vor dem Boykott.[103]

---

[102] Dahlmann, H.-C.: Arisierung und Gesellschaft in Witten, 55.
[103] Vgl. Dahlmann, H.-C.: Arisierung und Gesellschaft in Witten, 58.

Auch während des Boykotts blieben Gewalttaten in Witten nicht aus. Auf einem Parkplatz in der Wittener Innenstadt wurden zum Beispiel Lastkraftwagen jüdischer Eigentümer zerstört. Die jüdischen Läden, welche boykottiert wurden, wurden auch von der übrigen Bevölkerung nicht besucht, so dass anzunehmen ist, dass sich die Bevölkerung den Aufforderungen der Nazis gebeugt hat. Zudem kamen auf der Bahnhofstraße sogar Schaulustige zusammen, um das Ganze zu beobachten, anstatt zu verhindern.[104]

Insgesamt wurden in Witten seit der Machtübernahme der Nationalsozialisten Juden ausgeschlossen, drangsaliert und entrechtet. An dieser Stelle seien nur einige Beispiele genannt:

Im Café Leye wurde eine Jüdin nicht mehr bedient, auch wurde Juden der Besuch des Annener Freibads verwehrt. Des Weiteren konnte der jüdische Arzt Böheimer, welcher eine Praxis in der Nordstraße in Witten hatte seinen Beruf nur noch unter besonderen Auflagen ausführen. So durfte er lediglich Juden behandeln und Rezepte waren mit einem gelben Kreis und blauen Davidstern zu kennzeichnen. Die Diskriminierungen trafen auch "arische Ehepartner", die Frau des Arztes wurde aus dem Kirchenchor der evangelischen Gedächtniskirche ausgeschlossen.[105]

Diese Beispiele verdeutlichen, dass auch in Witten die jüdischen Bürger gedemütigt wurden und von Verhaftungen bedroht waren. In der Kleinstadt Witten war die Lage der Juden im Verhältnis zu größeren Städten jedoch von mehr Unsicherheit geprägt. Die Strukturen einer Kleinstadt brachten es mit sich, dass die Religionszugehörigkeit den meisten Nachbarn bekannt war.

In diese Situation fiel schließlich das Attentat des französischen Juden Herschel Grünspans auf den deutschen Legationssekretär an der Pariser Botschaft am 7. November 1938. Der Legationssekretär, der auch Parteimitglied und Mitglied der NSDAP war, verstarb am Nachmittag des 9. Novembers an seinen Verletzungen. Folglich sah die nationalsozialistische Führung in Deutschland, welche sowieso nach einer generellen Regelung für die jüdische Frage suchte, nun, unter dem Vorwand des Attentats, Anlass zum Handeln. Als Konsequenz ordnete der Chef des Sicherheitsdienstes Heydrich das Pogrom in Einzelheiten per Fernschreiben an. In der Pogromnacht des 9. Novembers erreichten die seit 1933 verstärkten

104 Ebd., 57

105 Vgl. Schoppmeyer, H. : Witten. Geschichte von Dorf, Stadt und Vororten, 132.

Verfolgungsmaßnahmen gegen die Juden ihren Höhepunkt. Das Pogrom war ebenso wie der Boykott eine reichsweite öffentliche Aktion, die von den Nationalsozialisten zentral geplant und geleitet wurde. Durchgeführt wurde die spontane Aktion von der Partei, SA und SS. Die allgemeine Bevölkerung beteiligte sich, abgesehen von ein paar Dieben kaum, zumal sie sich eher kritisch wegen der großen Zerstörung und Verbrennung von Gotteshäusern äußerte.[106] Infolge des Pogroms wurden etliche Juden ermordet oder in den Suizid getrieben, zudem wurden Synagogen, Betstuben, Geschäfte und Wohnungen sowie jüdische Friedhöfe im ganzen Reich zerstört.

Wie war nun die Situation am 9. November in Witten?

Wie überall im deutschen Reich war für den Abend des 9. November die Gedenkveranstaltung für den Hitler-Putsch von 1923 angeordnet worden. In den einzelnen Ortsteilen Wittens fanden diverse Veranstaltungen statt, so trafen sich die Annener auf dem dortigen Markt, um von dort zur Grundsteinlegung eines Ehrenmals für die Gefallenen des Ersten Weltkrieges zu marschieren. Auch in Bommern und Heven gab es Gedenkveranstaltungen, in Witten-Ost fand die Gedenkveranstaltung in einem Saal auf der Ardeystraße statt. Außerdem fand eine Veranstaltung zur Vereidigung der SS Bewerber auf dem Marktplatz in der Wittener Innenstadt statt. An dieser Veranstaltung nahmen auch Ehrenformationen der Polizei, der HJ und die NSDAP teil. Diese Veranstaltung dauerte bis ca. ein Uhr nachts. Folglich ist anzunehmen, dass die Aktionen des Pogroms in Witten erst nach deren Ende in den frühen Morgenstunden des 10. November begannen. Die Ausschreitungen des 9. November in Witten wurden vermutlich von der NSDAP Ortsgruppe Witten-West eingeleitet, die im heutigen Ruhrgymnasium, welches damals direkt gegenüber der Synagoge lag, ihre Gedenkfeier hatte.[107] Von dort aus veranstalteten SS und SA eine regelrechte Jagd auf die jüdischen Bürger Wittens.

Die Ausschreitungen der Reichspogromnacht in Witten seien anhand einiger Beispiele verdeutlicht:

Die Möbel des jüdischen Kaufmanns Sommer, so wie viele andere, wurden unter lautem Geschrei aus den Häusern auf die Straße geworfen. Ein kleiner Laden eines jüdischen Händlers auf der Ruhrstraße wurde gestürmt und weitere Geschäfte, deren Inhaber als Juden bekannt waren wurden demoliert. Auch Privathäuser, in denen Juden

[106] Vgl. Richarz, M. (Hrsg.): Jüdisches Leben in Deutschland, 57.
[107] Vgl. Schoppmeyer, H. : Witten. Geschichte von Dorf, Stadt und Vororten, 135.

wohnten, wurden zerstört oder angezündet, so das Haus auf der Hauptstraße 63. Vor allem in die Wohnhäuser der in Witten bekannten Juden drang die SA ein, u.a. in die Villa der Familie Hanf im Parkweg 14.

(Abb. 29 Villa der Familie Hanf 2018)[108]

Die jüdische Familie Vetter aus Annen, die ein großes Lebensmittel- und Textilgeschäft besaß, wurde nachts durch das Salinger Feld bis zur Großen Borbach getrieben und dabei mit Stöcken verprügelt. Das Ehepaar Rosenthal, ebenfalls aus Annen, wurde gezwungen, ihr eigenes Grab auszuheben und ebenso geschlagen.[109] Die Schwerverletzen wurden im katholischen Marienhospital aufgenommen und während der Reichspogromnacht dort behandelt. Es gab also einzelne Unterstützung der Juden, vor allem von katholischer Seite.

[108] Eigene Aufnahme

[109] Vgl. Schoppmeyer, H.: Witten. Geschichte von Dorf, Stadt und Vororten, 136.

In Herbede war das in der Nähe des Marktplatzes zentral gelegene Wohnhaus des Juden Gustav Eichenwalds der Ort der größten Ausschreitungen, die Fenster wurden eingeworfen und die Wohnungseinrichtung demoliert.

Wie überall im deutschen Reich wurde auch die Wittener Synagoge in der Pogromnacht geschändet, niedergebrannt und zerstört. Das Feuer der brennenden Synagoge schreckte die an wohnenden Juden, so berichtet Paul Safirstein, welcher mit seiner Familie auf der Hauptstraße 63 wohnte: „auf der anderen Dachseite konnten wir in Richtung Synagoge sehen und wie sahen, wie der Himmel heller wurde von dem Widerschein der brennenden Synagoge, aber kein Feuerwehrauto bewegte sich, um den Brand zu löschen."[110]

Die Trümmer des Brandes der Synagoge wurden im August 1939 gesprengt und abgetragen.

(Abb. 30 Die Wittener Synagoge mit ausgebrannter Kuppel am Morgen nach der Reichspogromnacht)[111]

[110] Stadt Witten: „... und vergessen kann man das nicht", 314.
[111] Ebd., 313.

Nach Kriegsende wurden die Handelnden der SA und SS während der Pogromnacht in Witten 1948 vom Landesgericht Bochum für ihre Taten verurteilt. Gegenstand der Gerichtsverhandlung waren die eben beschriebenen Vorgänge, die sich in der Nacht vom 9. auf den 10. November in Witten ereignet hatten. Es soll an dieser Stelle ein kurzer Perspektivwechsel vorgenommen werden, um die Reichspogromnacht einmal aus Sicht der Täter darzustellen und deren Ansichten soweit wie möglich zu verdeutlichen.

An viele der Begebenheiten und Einzelheiten der Pogromnacht in Witten erinnern sich die Angeklagten angeblich nicht. Sie seien verärgert gewesen aufgrund des Pariser Mordes und durch Alkohol angeheitert. Viele Vorgänge wurden entgegen der Zeugen anders oder verharmlost beschrieben: „Mir ist bekannt, dass während der Vereidigung plötzlich die Synagoge in Witten brannte.“[112] Eigentlich fand die Zerstörung erst nach der Vereidigung der SS statt, so dass zu vermuten ist, dass der Angeklagte sich seiner Schuld entziehen wollte. So äußert er des Weiteren: „Bei unserem Erscheinen in Annen habe ich ebenfalls keine Zerstörung gesehen.“[113] Über die denunzierenden Vorgänge bzgl. der Familie Rosentahl äußert er: „Besonders unmenschlich sind die nicht von uns geschlagen worden.“[114]

Ein anderer Täter leugnet seine Schuld vollkommen: „Ich selbst habe mich nicht an diesen Dingen beteiligt.“ Fraglich ist, ob die Täter sich ihres Verhaltens bewusst waren, bzw. sich überhaupt des Unrechts bewusst waren oder ob vielmehr zehn Jahre nach der Reichspogromnacht immer noch eine Abneigung gegenüber den jüdischen Bürgern vorhanden war, die ihr Verhalten scheinbar rechtfertigte. Dies ist laut folgender Aussage anzunehmen: „Ich habe später dem Herrn noch gesagt: Wie konntest du den Mann schlagen, der hat dir doch nichts getan! Die Antwort darauf möchte ich nicht nennen.“[115]

Insgesamt sind durch diese Täteraussagen festzustellen, dass die Wahrnehmung der Geschehnisse durch die Täter während der Reichspogromnacht eine durchaus andere war, als die der Opfer.

[112] Ebd., 318.
[113] Ebd., 320.
[114] Ebd., 320.
[115] Ebd., 323.

In der Zeit nach der Reichspogromnacht häuften sich in Witten die Nachrichten, dass nun jüdische Geschäfte arisiert, d.h. zugunsten "arischer Eigentümer", entschädigungslos enteignet worden seien.

4.3.2 "Arisierung"

Mit dem Begriff der sogenannten "Arisierung" bezeichneten die Nationalsozialisten die Verdrängung der Juden aus ihren Wohnhäusern sowie aus Handel und Gewerbe. Diese "Arisierung" fand in der Zeit von 1933 bis 1945 überall im Deutschen Reich statt. Die Nationalsozialisten organisierten einen Verkauf jüdischen Eigentums, der formell ordnungsgemäß schien, jedoch unter erheblichem Zwang vollzogen wurde, so dass sich einzelnen Personen dadurch stark bereichern konnten. So wurden jüdische Geschäftsinhaber oder Immobilienbesitzer genötigt ihre Geschäfte, Firmen oder Häuser unter Wert zu verkaufen. Falls diese sich weigerten, wurden sie später enteignet. Auch in Witten fand diese sogenannte Arisierung statt.

In Witten wurden in der Zeit von 1933 bis 1938 14 Geschäfte "arisiert" sowie 53 Immobilien bis zum Jahre 1943. Des Weiteren gab es eine bisher unbekannte Zahl an Geschäftsliquidationen.[116]

Das jüdische Geschäftsleben ging jedoch über diese 14 Geschäfte hinaus, so war in der Bahnhofsstraße, der heutigen Fußgängerzone Wittens, jedes zweite oder dritte Geschäft in jüdischem Besitz.

Im Folgenden soll ein chronologischer Überblick über die "Arisierung" in Witten gegeben werden. Zunächst werden die Geschäftsarisierungen betrachtet. Die erste derselben ist in Witten für September des Jahres 1933 belegt, als die Jüdin Franziska Singer ihr Putz und Modewarengeschäft verkaufte. Zwei Jahre später wurden das Kolonialwarengeschäft Buchtal und das Lebensmittelgeschäft Goldblum "arisiert". Danach fand die nächste bekannte "Arisierung" im März 1937 statt, als Louis Schacher seinen Schrotthandel verkaufen musste. Im selben Jahr folgten die Metzgerei Stern, das Schuhgeschäft Rosenberg und im Dezember das Kaufhaus der Gebrüder Rosenthal. Die meisten "Arisierungen" fanden nach der Pogromnacht im Jahre 1938 statt, nämlich die der Lebensmittelgroßhandlung Josef Singers, die Metzgereien Paul

---

[116] Vgl. Göttmann, F. (Hrsg.): Historisches Handbuch der jüdischen Gemeinschaften in Westfalen und Lippe, 817.

und Leiser sowie der Altwarenhandel von Rothschild. Außerdem folgten im selben Jahr der Eigentumswechsel bei der Gemischtwarenhandlung Rosenthal in Witten-Stockum und der Metzgerei Klein in der Oberstraße in Witten Zentrum. Schließlich wurde im Dezember der Papiergroßhandel Teichmann und das große Kaufhaus Alsberg/ Blank an der Bahnhofstraße "arisiert".[117]
Das Kaufhaus an der Bahnhofstraße war das größte Kaufhaus in Witten, heute ist dort Galeria Kaufhof, der Weg des Besitzerwechsels sei hier beispielhaft kurz näher erläutert.
Im Jahre 1905 gehörte das Kaufhaus an der Bahnhofstraße dem Juden Georg Blank. Einige Jahre später wurden die beiden Kaufhäuser Georg Blank und Gebrüder Alsberg zusammengelegt. Eigentümer dieses Geschäftes waren für die Firma Alsberg die Witwe Bertha Eichengrün und der Kaufmann Max Blank. Dieser und der Sohn der Frau Eichengrüns, namens Max Eichengrün waren Geschäftsführer. Bereits im Jahr 1937 vor der Enteignung des Kaufhauses wurde die damals 71-jährige Bertha Eichengrün gezwungen, sich bei einem Fackelzug ein Schild umzuhängen mit der Aufschrift: „Ich bin ein sau-jüdischer Arbeitgeber von guten deutschen Fachleuten." Trotz dieser Denunzierungen ließ sich Frau Eichengrün zunächst, bis Oktober 1938, nicht dazu bewegen, ihr Kaufhaus zu verkaufen.[118] Am 6. Oktober 1938 wurden die beiden jüdischen Geschäftsführer wegen "Zuwiderhandlung gegen die Bestimmung der Arisierung" von der Gestapo verhaftet. Anschließend wurden sie im Bochumer Polizeigefängnis und in der Dortmunder Steinwache festgehalten und gezwungen, dem Zwangsverkauf des Kaufhauses stattzugeben. Max Blank überlebte durch Flucht den Zweiten Weltkrieg und verstarb 1960 in London.
Der Wittener Bevölkerung konnte jedoch das Handeln der Nationalsozialisten nicht verborgen geblieben sein, denn viele Lokalzeitungen berichteten damals so oder ähnlich: „ Eine rein arische Firma in einem neuen Geist geführt. Ganz Witten freut sich und NC erwartet Sie!"[119]
Das Kaufhaus ging nach der "Arisierung" an Otto Neumann und Dr. Cropp über. Die Neueröffnung des Kaufhauses fand am 12. November 1938 statt, am selben Tag also, an dem von Berlin aus die endgültige Verdrängung der Juden aus dem Wirtschaftsleben per Verordnung geregelt wurde. Während des Zweiten Weltkrieges

---

[117] Vgl. Dahlmann, H.-C.: Arisierung und Gesellschaft in Witten, 61f.
[118] Vgl. WAZ, Funke Medien-Gruppe, Ausgabe Witten, Lokalteil, 13. Dezember 2017.
[119] Dahlmann, H.-C.: Arisierung und Gesellschaft in Witten, 63.

wurde das neu eröffnete Kaufhaus jedoch zerstört. Nach dem Krieg im Jahre 1951 erzielten im Rückerstattungsverfahren die Parteien einen Vergleich, die Erbgemeinschaft Eichengrün und Blank erhielten die Grundstücke mit dem durch Bomben zerstörtem Kaufhaus für 310.000 DM zurück.[120] Max Blank war nach schwerer Erkrankung nicht mehr in der Lage ein Kaufhaus zu leiten und verkaufte an das Unternehmen Kogge. Diese bestand bis in Jahr 1966. Anschließend wurde es von der Horten AG übernommen. Im Jahr 1995 übernahm die Horten Galeria GmbH, heute Galeria Kaufhof das Gebäude.

Neben diesen "Arisierungen" von Geschäften gab es auch ca. 53 Immobilienverkäufe in Witten. Der erste Verkauf eines Hauses fand 1933 statt und die letzte "Arisierung" eines Hauses im März 1941 bzw. 1942, hier gehen in der Literatur die Zahlen auseinander.

An dieser Stelle sei als Beispiel für einen Immobilienverkauf die Villa der jüdischen Familie Hanf im Parkweg genannt. Schon während der Pogromnacht kamen Nationalsozialisten in die Villa und schlossen Rebecca und Moritz Hanf sowie deren Sohn ein und zerstörten die Möbel. Gleichzeitig wurde das Ehepaar aufgefordert, das Grundstück zu räumen. Zunächst zogen die Hanfs zu Verwandten nach Aachen, anschließend gingen sie 1939 in die Niederlande. Moritz Hanf musste nun sein gesamtes Grundstück und die Villa am Parkweg verkaufen, um die Reichsfluchtsteuer und die Judenvermögensabgabe bezahlen zu können. Sein Grundstück ging an den Fabrikanten Spelsberg. Moritz Hanf verstarb 1943 in den zu der Zeit von den Nationalsozialisten besetzten Niederlanden. Rebecca Hanf wurde im Alter von 80 Jahren in Auschwitz ermordet. Nach 1945 erlangten die Erben eine Rückzahlung der Gelder, die vom Staat eingezogen wurden. Die neuen Eigentümer gaben vor, aus der damaligen politischen Situation keine Vorteile gezogen zu haben, die Tochter des Ehepaar Hanfs bestritt dieses jedoch. Endlich wurden Vereinbarungen über Nachzahlungen von 19.000 DM getroffen.[121]

In den letzten Kriegsjahren wurde generell nur noch Eigentum bereits deportierter Juden eingezogen oder zwangsversteigert. Am Ende der Enteignung des "jüdischen Vermögens" stand in Witten, wie nahezu überall, der Raub persönlicher Dinge. Zu diesen zählten vor allem persönliche Wertgegenstände und nach der Deportationen das

[120] Vgl. Ebd., 63.
[121] Vgl. Ebd., 108.

komplette übrig gebliebene Vermögen. Da es in Witten keine Ablieferungsstelle für Gold und Silber der Juden gab, erfolgte die Abgabe der Wertsachen in Dortmund, Bochum und Hagen.

Nach der Deportation der Wittener Juden wurden auch deren Möbel verwertet: „Die Bestandsaufnahme und Bewertung aller Sachen, die an die Stadt Witten verkauft worden sind, fand im Haus Haupstraße/Ecke Brüderstraße statt. Dies war wohl die letzte Sammelunterkunft aller Wittener Juden vor der Deportation.“[122]

4.3.3 Deportation und Ermordung der jüdischen Bevölkerung

Die eben dargestellten Enteignungen zielten zunächst darauf ab, die jüdische Bevölkerung, welche noch in Deutschland lebte zur Auswanderung zu bewegen. In den Jahren 1937 bis 1939 stieg im gesamten Deutschen Reich die Zahl der Auswanderungen um das Dreifache. Folglich ging der Anteil der jüdischen Bevölkerung zwischen 1933 und 1939 im ganzen Reich um mehr als die Hälfte von 502.799 auf 213.930 zurück.[123] Dabei war in kleineren Städten wie Witten der Rückgang der jüdischen Einwohner infolge der Binnenwanderung noch stärker als in ganz Deutschland.

Zwischen 1933 und 1937 ist die abwandernde jüdische Bevölkerung aus Witten vorwiegend in andere Gemeinden des Deutschen Reiches verzogen. Diese Auswanderung verstärkte sich vor allem nach der Pogromnacht 1938 und erreichte ihren Höhepunkt 1939. Ein großer Teil der Wittener Jüdinnen und Juden ging nun über die Grenzen in die Nachbarländer oder wanderte nach “Übersee“ aus. Allerdings war die Emigration für die Juden nicht gleichbedeutend mit endgültiger Sicherheit vor den Nationalsozialisten, denn diejenigen, die in Nachbarländer geflüchtete waren, welche von der Wehrmacht erobert wurden, gerieten wieder unter den Druck und in die Gefahr der Nationalsozialisten. So waren mehr als die Hälfte der 81 in die Nachbarländer Deutschlands geflüchteten Wittener Juden in den Niederlanden untergekommen. Von diesen wurden jedoch wiederum 20 deportiert. Nur zwei überlebten die Deportationen.[124]

---

[122] Stadtarchiv Münster, Archivbestand, 3702-3704

[123] Vgl. Richarz, M. (Hrsg.): Jüdisches Leben in Deutschland, 53.

[124] Vgl. Stadt Witten: „... und vergessen kann man das nicht“, XIX.

Nachbarland 1939–1945 besetzt	Flüchtlinge insg.	davon weibl.	verstorben/ unbekannt 1)	deportiert insg.	davon überlebt	geflüchtet ins sichere Ausland	illegal im Land überlebt	Überlebende insg.	davon weibl.
Belgien	6	3	-	6	1	-	-	1	-
Frankreich	12	6	2	1	-	5	4	9	4
Italien	6	3	-	2	-	4	-	4	2
Jugoslawien	2	1	-	2	-	-	-	-	-
Niederlande	45	23	12	20	2	8	5	15	8
Polen	5	2	5	-	-	-	-	-	-
Ungarn	1		-	1	-	-	-	-	-
Tschecho-slowakei	4	1	2	1	-	1	-	1	-
Zusammen	**81**	**39**	**21**	**33**	**3**	**18**	**9**	**30**	**14**

(Abb. 31 Übersicht der geflüchteten jüdischen Wittener in die Nachbarländer)[125]

Von den 194 ins sichere Ausland geflüchteten Wittener Juden hielten sich 38 in den Ländern England, Schweden, Schweiz und Spanien auf. Diese Länder waren nicht von den Nationalsozialisten besetzt. Mehr als ein Drittel konnten in die USA emigrieren. Innerhalb Europas ist jedoch die Mehrzahl der Wittener Juden in die Niederlande und nach England geflüchtet. Soweit es bekannt ist, sind 21, vor allem jüngere jüdische Bürger Wittens bereits vor 1939 nach Palästina ausgewandert. Nur wenigen gelang die Flucht nach Palästina auch noch während des Krieges.

Sicheres europäisches Ausland, andere Staaten in „Übersee"	Flüchtlinge/Auswanderer von Witten	von einer anderen deutschen Gemeinde	von einem 1939 – 45 besetzten Nachbarland 1)	Insgesamt	davon Frauen
England	19	14	-	33	18
Schweden	-	2	-	2	1
Schweiz	-	1	1	2	-
Spanien	-	1	-	1	-
Freies Europa insgesamt	**19**	**18**	**1**	**38**	**19**
Palästina	**10**	**8**	**3**	**21**	**6**
USA	**31**	**31**	**9**	**71**	**36**
Argentinien	4	8	2	14	7
Brasilien	5	3	1	9	5
Uruguay	3	-	-	3	1
Chile	-	2	-	2	-
Bolivien	-	2	-	2	2
Kuba	1	1	-	2	2
Panama	-	2	-	2	1
Paraguay	-	1	-	1	-
Mittel- u. Südamerika insgesamt	**13**	**19**	**3**	**35**	**18**
Südafrika	4	2	-	6	5
Nord-Rhodesien	3	-	-	3	1
Marokko	1	-	-	1	1
Afrika insgesamt	**8**	**2**	**-**	**10**	**7**
Australien	**3**	**1**	**1**	**5**	**2**
China	6	1	1	8	3
Indien	5	1	-	6	2
Asien insgesamt	**11**	**2**	**1**	**14**	**5**
Zusammen	**95 a)**	**81**	**18**	**194**	**93**
davon Frauen	47	38	8	-	(48%)

(Abb. 32 Emigration in freie Länder von 194 jüdischen Einwohnern Wittens, die vor und/oder seit 1933 in Witten gelebt haben.)[126]

[125] Ebd., XXXIV.
[126] Ebd., XXXVI

Insgesamt war jedoch die Auswanderung aus Witten sowie aus dem ganzen Deutschen Reich mit Beginn des zweiten Weltkrieges im Jahr 1939 kaum noch möglich. Für alle Juden in Deutschland begann mit dem Anfang des Krieges eine erhebliche Verschlechterung ihrer Situation. So ergingen gegen die Juden zahlreiche neue Festsetzungen und Verordnungen, welche sie weiter in Bedrängnis brachten. Dazu gehörten z. B. besondere Einkaufstunden für Juden, nächtliche Ausgangssperren, Zwangsarbeit und die Konzentration in sogenannten Judenhäusern. Im Anschluss an diese Maßnahmen ging die endgültige Initiative zum Genozid im Jahre 1941 von Hitler aus, im Herbst desselben Jahres begannen die Deportationen von Juden im ganzen Reich in die Vernichtungslager.

In Witten setzten die Deportationen im Jahre 1942 ein, zu diesem Zeitpunkt lebten in Witten nur noch 125 jüdische Einwohner, von denen dann zwischen 1942 und 1943 zwei Drittel in diverse Lager deportiert wurden. Der erste Transport erfolgte im Januar 1942 ins Ghetto Riga, darunter waren zwölf Personen aus Witten. Im April erfolgte der zweite Transport ins Ghetto Zamosc. Unter den Deportierten waren die Juden Hilde Becker, Betty, Herbert, Juliane und Ruth Klein, Helene und Leo Meyer, Thekla Neugarten, Alfred sowie Helene und Josef Singer.[127] Im Juli wiederum wurden mindestens 14 Wittener Juden ins Ghetto Theresienstadt deportiert, weitere jüdische Bürger wurden im zweiten Halbjahr des Jahres 1942 deportiert. Der letzte Transport, mit in Mischehen lebenden Juden, erfolgte im Februar 1945 nach Theresienstadt.

Die nächste Tabelle verdeutlicht das Schicksal der insgesamt 379 Wittener Juden, d.h. nicht nur derjenigen die zum Zeitpunkt der Deportationen in Witten gelebt haben, sondern zudem auch derjenigen Wittener Juden, die vor/ und/ oder seit 1933 in Witten gelebt haben und von Witten oder anderen Gemeinden bzw. besetzten Nachbarländern deportiert wurden.

Es wird in der Tabelle deutlich, dass die Hälfte der Deportierten in Konzentrationslagern, in den Vernichtungslagern Auschwitz, Majdanek und Sobibor, auf Transportwegen oder Evakuierungsmärschen ermordet wurden oder an unbekannter Stelle im Osten verschollen sind.

[127] Vgl. Göttmann, F. (Hrsg.): Historisches Handbuch der jüdischen Gemeinschaften in Westfalen und Lippe, 817.

	Deportierte			Überlebende			Ermordete		
	M	W	Σ	M	W	Σ	M	W	Σ
Arbeitslager									
Berlin		1	1		1	1			
Bielefeld	2		2				2		2
Hagen	3	5	8	3	5	8			
Kassel	4	7	11	4	7	11			
Weißenfels	1		1	1		1			
übrige	7	8	15	7	8	15			
	17	**21**	**38**	**15**	**21**	**36**	**2**		**2**
Sammel-/Durchganslager									
Izbica (PL)	3	4	7				3	4	7
Vught-Hertogenbosch (NL)	1		1				1		1
Zamnosc (PL)	1	1	2				1	1	2
Zasavica (YU)	1		1				1		1
	6	**5**	**11**				**6**	**5**	**11**
Konzentrationslager									
Bergen-Belsen	1	4	5	1	1	2		3	3
Buchenwald	4		4	1		1	3		3
Dachau	2		2	1		1	1		1
Natzweiler	1		1				1		1
Ravensbrück		1	1					1	1
Sachsenhausen	2		2				2		2
Stutthof	1	3	4		1	1	1	2	3
übrige	18	17	35	5	5	10	10	10	20
	29	**25**	**54**	**8**	**7**	**15**	**18**	**16**	**34**
Ghettos									
Lodz (PL)	6	10	16				5	9	14
Minsk (PL)	11	16	27				11	16	27
Theresienstadt (CS)	29	35	64	5	8	13	24	27	51
Piaski (PL)		1	1					1	1
Riga (Lettland)	9	16	25	1	1	2	8	13	21
	55	**78**	**133**	**6**	**9**	**15**	**48**	**66**	**114**
Vernichtungslager									
Auschwitz (PL)	35	41	76				35	41	76
Majdanek (PL)	3	1	4				3	1	4
Sobibor (PL)	4	5	9				4	5	9
	42	**47**	**89**				**42**	**47**	**89**
„in den Osten"	**27**	**27**	**54**	**1**		**1**	**26**	**27**	**53**
	176	**203**	**379**	**30**	**37**	**67**	**142**	**161**	**303**
Anteil in %			100			18			80
Frauenanteil in %		54			55			53	

(Abb. 33 Deportation)[128]

Für die Deportationen aus dem Regierungsbezirk Arnsberg, zu welchem auch Witten gehörte, war die Gestapostelle Dortmund mit den Außenstellen u.a. in Bochum und Hagen zuständig. Von dort aus wurden die Transporte vorbereitet und organisiert, d.h. es wurden die Namen und Adressen der zu deportierenden Juden zusammengestellt. In diese Vorbereitung der Transporte waren die Vorstände der jüdischen Gemeinde Dortmund zwangsweise einbezogen. Anschließend nahmen die Transporte von da aus ihren Weg in die einzelnen Ghettos, Konzentrationslager und Vernichtungslager.

Die ab 1942 einsetzenden Deportationen bedeuteten nahezu das Ende der jüdischen Gemeinde Wittens. So kehrten nach dem Krieg nur wenige Juden nach Witten wieder zurück.

[128] Stadt Witten: „... und vergessen kann man das nicht", XXXVIII.

4.3.4.1 Biographien

Im Folgenden sollen drei Kurzbiographien das Schicksal der Wittener Jüdinnen und Juden exemplarisch verdeutlichen. Ausgewählt sind der Handelsvertreter Judenberg, die Tochter des bekannten Wittener Metzgers Klein und ein Lehrling des kaufmännischen Wittener Unternehmens Rosenthal. Diese verdeutlichen in drei unterschiedlichen Schicksalen, Vernichtung, Überleben und Ungewissheit.

Felix Judenberg kam im Jahre 1934 von Kiel nach Witten. Dort lebte er in der Hauptstraße 5 und meldete ein Gewerbe als Handelsvertreter an. Zwei Jahre später heiratete er die Musikpädagogin Lotte Sommer. Danach lebte das Ehepaar im Haus der Gebrüder Sommer in der Bahnhofstraße 40. In der Reichspogromnacht wurde Felix Judenberg in sogenannte Schutzhaft genommen und in ein Konzentrationslager verschleppt. Aus der Haft entlassen im Jahre 1939 wurde er im Rahmen der schon beschriebenen "Arisierung" gezwungen, sein Gewerbe aufzugeben. Im Mai 1939 verzog er mit seiner Ehefrau nach Köln. Von dort wurden beide 1942 nach Theresienstadt und anschließend nach Auschwitz deportiert. Dort wurde Felix Judenberg ermordet.[129] Er gehörte somit zu den unzähligen Wittener Juden, die in einem der größten Vernichtungslager grausam ums Leben kamen.

Das Schicksal der Tochter der Metzgerfamilie Klein steht für die vielen jüdischen Einwohner Wittens, deren endgültiges Verbleiben bis heute ungeklärt geblieben ist. Juliane Klein wurde im Haus ihrer Eltern in der Oberstraße 7 in Witten geboren. Kurz nachdem die Transporte in Witten begonnen hatten, wurde sie im Alter von 13 Jahren gemeinsam mit ihren Eltern und ihrer Schwester von Witten über Dortmund in den Osten deportiert und wahrscheinlich in einem Konzentrationslager ermordet. Durch den Beschluss des Wittener Amtsgerichtes wurde sie 1952 für tot erklärt.[130]

Hans Jacob Rosenthal gehörte zu den wenigen Wittener Juden, die den Nationalsozialismus überlebten. Er wurde 1914 in Witten-Stockum geboren, nach der Volksschule besuchte er das städtische Realgymnasium direkt neben der Synagoge. Nach dem Abitur wollte er eigentlich studieren, da der Nationalsozialismus ihm jedoch die Aufnahme eines Studiums erheblich erschwerte, begann er eine kaufmännische Lehre in Dortmund. Anschließend besuchte er, um sich beruflich auf die Auswanderung vorzubereiten, einen landwirtschaftlichen Betrieb in den

[129] Vgl. Ebd., 100.
[130] Vgl. Ebd., 117.

Niederlanden. Im Jahre 1938, kurz vor Kriegsbeginn, kehrte Jakob Rosenthal nach Witten in sein Elternhaus zurück. Während der Reichspogromnacht wurde er zusammen mit seinem Vater in Stockum verhaftet und in das Polizeigefängnis nach Bochum gebracht. Von dort wurde er in das Konzentrationslager Sachsenhausen deportiert. Unter der Vorgabe, schnellstens aus Deutschland auszuwandern wurde er im Januar 1939 aus der Haft entlassen. Zwei Monate später meldete er sich von Witten-Stockum offiziell nach Frankreich ab und flüchtete allerdings über Österreich und Jugoslawien nach Palästina. Von 1940 bis zu seiner Pensionierung war er bei der Allgemeinen Arbeiter-Krankenkasse in Rehovot angestellt. Dort verstarb er am 2. November 1988. [131] Jacob Rosenthal gehörte zu den eben erwähnten, jüngeren jüdischen Bürgern, die nach Palästina fliehen konnten.

4.4 *Das Konzentrationslager in Witten-Annen*

Im vorherigen Abschnitt wurden die Deportationen in diverse Konzentrationslager, die sich unter anderem im Ausland befanden, dargestellt. Doch zu erwähnen ist an dieser Stelle auch, dass selbst in Witten ein Konzentrationslager bestand. Am 16. September 1944 wurde in Witten-Annen zwischen der Eisenbahnlinie und der heutigen Immermannstraße ein Außenlager des Konzentrationslagers Buchenwald eingerichtet.

Bereits vor der Errichtung des Annener Lagers waren in unterschiedlichen Betrieben Wittens schon über 10.000 Arbeitskräfte aus dem Ausland, Kriegsgefangene und zivile Zwangsarbeiter beschäftigt. Schließlich wurden im September 1944 Männer in geschlossenen Güterwaggons aus dem KZ-Buchenwald nach Annen gebracht. Größtenteils handelte es sich um als politisch eingestufte Gefangene. Daneben gab es unter anderem aber auch sogenannte jüdische Mischlinge ersten Grades. Die Namen der Juden sind bis heute nicht bekannt. Auch sind keine Informationen darüber zu finden, ob auch direkt jüdische Zwangsarbeiter aus Witten dort arbeiten mussten.

Die insgesamt 660 bis 700 Häftlinge mussten in Annen Zwangsarbeit im Rüstungswerk des Annener Gussstahlkonzerns, unter Bewachung von ca. 40 Männern

---

[131] Vgl. Ebd., 213.

der SS, leisten. Am 11.04.1945 wurde das Konzentrationslager in Witten-Annen aufgelöst. In dem Zeitraum seines Bestehens sind neun Todesfälle vermerkt.[132] Heute erinnern in Annen eine Gedenkstätte und einige Überreste an das Lager.

(Abb. 34 Gedenkstätte)[133]

Das Lager war ähnlich wie die großen Konzentrationslager mit einem Starkstrom-Stacheldrahtzaun umgeben, dessen Überreste heute noch zu finden sind.

(Abb. 35 Einzäunung des KZ-Witten Annen)[134]

[132] Vgl. Schoppmeyer, H.: Witten. Geschichte von Dorf, Stadt und Vororten, 149.
[133] Eigene Aufnahme
[134] Eigene Aufnahme

Der Häftlingsbereich des Lagers bestand aus vier Baracken, in denen die Männer untergebracht waren. Des Weiteren gab es einen Appellplatz, auf dem die Gefangenen regelmäßig antreten mussten und eine Art Krankenlager sowie eine Unterkunft für den Lagerältesten. Insgesamt bestand das Lager aus 14 Gebäuden.

Die Gefangenen des Lagers waren der Willkür und Gewalt der SS und des Lagerältesten ausgesetzt und mussten sechs Tage die Woche zwölfstündige Schichten am Tag und in der Nacht in einer Halle des Annener Gustahlwerkes leisten.

Unmittelbar neben dem Konzentrationslager in Annen war ein Lager für russische Kriegsgefangene, welches unter dem Kommando der Wehrmacht stand. Die Wachen der SS und der Wehrmacht durften nicht miteinander sprechen. Dennoch berichtet ein Landeschütze der Wehrmacht davon, wie er am Heiligen Abend des Jahres 1944 durch einen SS Soldaten von dem Konzentrationslager Auschwitz erfuhr. Dessen Existenz und vor allem die Vernichtung der Juden waren beiden Wachen zuvor nicht bekannt. So berichtete der SS Mann, welcher die Überwachung von KZ-Häftlingen vor seiner Tätigkeit im Wittener KZ in Auschwitz lernen sollte, dem Wehrmachtssoldaten in Witten folgendes: „Du ahnst nicht, wie grausam dort tausende von Juden vergast und verbrannt werden.“[135]

Der Landeschütze war wohl über die Konzentrationslager Dachau und Buchenwald informiert, nicht aber über Auschwitz und die dortigen Gräueltaten. An dieser Stelle wird die Unkenntnis der Wehrmachtsoldaten, aber auch die der SS-Angehörigen deutlich, ebenso die der zivilen christlichen Wittener Bevölkerung.

Haben sie wirklich so wenig gewusst? Hätten sie anders gehandelt, wenn sie über manche Grausamkeit mehr informiert gewesen wären? Wie überhaupt war das Verhältnis der Wittener Christen zu den jüdischen Bürgern vor und während des Zweiten Weltkriegs?

5. Zum jüdisch - christlichen Verhältnis

Bevor auf die spezielle Entwicklung des christlich-jüdischen Verhältnisses in Witten und im Ruhrgebiet eingegangen wird, ist ein kurzer allgemeiner Blick auf die Verflochtenheit von Juden und Christen in der Geschichte notwendig.

---

[135] Hagedorn, R. (Hrsg.): Gemeinden leben im Widerspruch. *Chronik - Erinnerungen - Profile aus den katholischen Kirchengemeinden in Hagen 1933-1945,* Paderborn 1999, 283.

Nach dem Ende des Weströmischen Reiches verloren die Juden ihre begrenzten Bürgerrechte und wurden zu rechtlosen Fremden. In den Umbrüchen dieser Völkerwanderungszeit verschwinden die jüdischen Siedlungsspuren für Jahrhunderte. Seit der Karolinger Zeit im Frühmittelalter konnten einzelne Juden oder jüdische Gruppen nur gegen Bezahlung an Fürsten oder Könige ausgestellte Schutzbriefe bekommen, um dadurch eine gesicherte Stellung in der christlich-mittelalterlichen Gesellschaft zu erhalten. In dieser Zeit des königlichen Judenschutzes waren die Entwicklungsmöglichkeiten für eine jüdische Bevölkerung relativ günstig. Trotz dieser Duldung blieben die kleinen jüdischen Gruppen eine Minderheit, die der christlichen Bevölkerung fremd erschien. Das Zusammenleben von Christen und Juden verlief größtenteils noch ohne größere Konfrontationen, die wirtschaftlichen, sozialen, rechtlichen und religiösen Unterschiede wurden durch praktikable Lösungen für die heterogene Gesellschaft erträglich und lebbar gemacht.

Die Kreuzzüge setzten dieses Zusammenleben von Christen und Juden ein Ende. Juden wurden zur Taufe gezwungen und es kam zu organisierten Judenpogromen, bei denen es wiederholt zu Ausschreitungen kam und bei welchen viele Juden aufgrund religiöser, aber auch aus finanziellen Motiven getötet wurden. So wurden die Juden unter anderem mit dem Vorwurf des Gottesmordes, sie seien schuld am Tode Christi, belastet. Trotz der Kreuzzüge kam es in den nächsten Jahrhunderten zu einer geographischen Ausdehnung der jüdischen Bevölkerung auch im Bereich des heutigen Nordrhein-Westfalens. Doch keineswegs verbesserte sich die rechtliche Situation der Juden seit dem 12. Jahrhundert, sondern vielmehr verschlechterte sie sich. Auch von kirchlicher Seite wurden die Rechte der Juden durch das vierte Laterankonzil erheblich eingeschränkt. Auf diesem wurden Verordnungen getroffen, die die Tätigkeiten und den Einfluss der Juden erheblich beschränkten.

Mit Beginn der Pestwellen im Mittelalter war der Anlass geschaffen, der den endgültigen Hass gegen die Juden mit sich brachte. Als Urheber der Pest wurden die Juden ausgemacht, die angeblich die Brunnen vergifteten.[136] Folglich kam es zur Vertreibung der Juden durch die Christen aus Städten und Gebieten. Die Besetzung Westfalens Ende des 18. Jahrhunderts durch die Franzosen brachte einen politischen und sozialökonomischen Umbruch mit sich. Nun begann für die jüdische Bevölkerung ein langsamer Prozess der rechtlichen und gesellschaftlichen Emanzipation. Im

---

[136] Vgl. Reicher, B. (Hrsg.): Jüdische Geschichte und Kultur in NRW, 16.

Königreich Westfalen, welches 1807 gegründet wurde, wurde den Juden schließlich vorbehaltlos bürgerliche und staatsbürgerliche Gleichstellung mit den Christen zugesprochen.

Solche Ansätze einer positiven Entwicklung im Verhältnis zwischen Juden und Christen hat es auch im Ruhrgebiet von kirchlicher Seite bereits vor der Schoah gegeben. Diesbezüglich leistete der Bochumer Pfarrer Hans Ehrenberg einen sehr wichtigen Beitrag. Er selbst stammte aus einer jüdischen Familie, konvertierte aber 1909 zum evangelischen Christentum und war eng verbunden mit dem jüdischen Religionsphilosophen Rosenzweig. Pfarrer Ehrenberg entwickelte eine theologische Grundlage für einen christlich-jüdischen Dialog, indem er als verbindendes Element die eine Offenbarung des biblischen Gottes betonte, welche im Ersten und Zweiten Testament bezeugt ist. Ehrenberg sah Synagogen und Kirchen als gleichwertige Größen an.[137]

Im realen Leben des Ruhrgebiets sahen Kirchenvertreter, entgegen der positiven Einsichten Ehrenbergs, jedoch in einer Synagoge, welche in unmittelbarer Nähe zu einer christlichen Kirche stand häufig ein Hindernis. Zudem hatten die meisten christlichen Gemeinden im Ruhrgebiet Schwierigkeiten die jüdischen als gleichberechtigte Religionsgemeinschaften anzuerkennen. So wurde zum Beispiel 1825 in Iserlohn die Bitte einer jüdischen Gemeinde zurückgewiesen, eine baufällige katholische Kirche als Synagoge umbauen zu dürfen. Ebenso versuchte das Generalvikariat in Paderborn, den Umbau einer Kapelle zu einer Synagoge zu verhindern. Nur wenige Ausnahmen kirchlicher Zuwendung zu den jüdischen Gemeinden sind zu verzeichnen, so in Hagen und Bochum, wo es sogar auch Spenden christlicherseits für den Bau einer Synagoge gab.[138]

Alles in allem brachte der Ende des 18. Jahrhunderts begonnene, jüdische Emanzipationsprozess jedoch eine neue Form des politischen und rassistischen Antisemitismus mit sich, welcher in der Schoah gipfelte. Hier wird ein langer Weg durch die Geschichte deutlich, der zwar Zeiten eines nahezu problemlosen jüdisch-christlichen Miteinanders beinhaltet, jedoch immer wieder von Diskriminierung der Juden und Antisemitismus seitens der Christen geprägt war.

[137] Vgl. Keller, M.: „So viel Aufbruch war nie …“: *Neue Synagogen und jüdische Gemeinden im Ruhrgebiet. Chancen für Integration und Dialog*, Berlin 2011, 14.

[138] Vgl. Birkmann, G.; Stratmann, H.: Bedenke vor wem du stehst, 13.

Welche Rolle spielte im christlich-jüdischen Verhältnis nun die Konfession? Wie war das Verhältnis der Protestanten bzw. der Katholiken zu den Juden im Ruhrgebiet, vor allem in Witten?

Das Verhältnis und den Umgang mit jüdischen Bürgern betreffend gab es durchaus Unterschiede zwischen Katholiken und Protestanten. Die Ursache dessen ist sicherlich in den vorhanden Differenzen und Unstimmigkeiten zwischen den beiden Konfessionen ihrerseits zu finden. So prägte die Auseinandersetzung zwischen Katholiken und Protestanten neben der Auseinandersetzung mit dem Judentum das Klima der deutschen Gesellschaft vom Vormärz bis zum Beginn des zweiten Weltkrieges. Der Konflikt zwischen dem Königreich Preußen, bzw. dem Kaiserreich und der katholischen Kirche eskalierte ab 1871 mit dem Kulturkampf. Im Prinzip ging es dabei im Reich und in Preußen, zu dem auch Witten gehörte, um einen Konflikt zwischen dem modernen Staat und dem Liberalismus auf der einen Seite und der katholischen Kirche auf der anderen Seite. Die ganze Situation wurde noch dadurch erschwert, dass das Deutsche Reich sich in einer protestantischen Tradition sah, die sich in einem konfessionellen Gegensatz zum Katholizismus betrachtete. Sie sahen sich als Verfechter der Moderne gegen eine angeblich zurückgebliebene katholische Kirche. Die Katholiken selbst sahen sich häufig als Bürger zweiter Klasse, da unter anderem, alle bedeutenden Staatsstellungen und Positionen überwiegend an Protestanten gingen. Ähnlich wie die Juden waren die Katholiken von den Maßnahmen des preußischen Staates betroffen.

Im Ruhrgebiet waren die Katholiken zunächst in der Minderheit und die meisten Industriestädte waren überwiegend protestantisch geprägt. Die dort im 19. und Beginn des 20. Jahrhunderts in der Minderheit lebenden Katholiken hatten häufig weniger Rechte als die Protestanten. Folglich wurde von katholischer Seite sowohl der Kapitalismus und Liberalismus, als auch der Sozialismus kritisiert, da sie darin eine Ursache ihrer geringeren Stellung suchten. Ihre Kritik richtete sich somit auch gegen die Juden, die für wirtschaftliches und soziales Übel verantwortlich gemacht wurden. Das Ruhrgebiet mit seinen Industriestädten war jedoch auch geprägt durch die vielen Arbeiter und auch religiöse Sozialisten beider Konfessionen, die sich eindeutig anti-antisemitisch positionierten: „Wir erklären ausdrücklich, dass wir auch den

Antisemitismus nicht nur als eine menschliche Gemeinheit, sondern auch als eine Christus angetane Schmach betrachten."[139]

Auch in Witten gab es von Seiten beider Konfessionen Antisemiten und deren Gegner, wobei eindeutig festzustellen ist, dass die katholische Bevölkerung, die auch eine Minderheit in der protestantisch geprägten Industriestadt darstellte, sich größtenteils gegen das NS-Regime wendete. Wie kam es dazu?

In Witten hatte sich nach Abschluss der ersten frühen Industrialisierungsphase um 1835 die Einwohnerzahl erhöht. Zu den Neuankömmlingen in Witten gehörten die ersten katholischen Bewohner Wittens. Katholische Einwohner sind in Witten erstmals im Jahre 1818 registriert.[140] Dies bedeutet, dass die Katholiken nahezu zeitgleich mit den ersten Juden, die 1810 erstmals in Witten registriert wurden, nach Witten kamen. Demzufolge waren Katholiken und Juden beide fast zeitgleich neu in der protestantisch geprägten Stadt, in der sich beide neu zurecht finden mussten. Es gibt also schon diesbezüglich eine Verbindung zwischen Katholiken und Juden in Witten.

Zwischen der zugewanderten katholischen Bevölkerung und der einheimischen protestantischen gab es nicht nur die Konfessionsverschiedenheit, sondern auch Unterschiede in ihren Tätigkeiten. Die meisten Protestanten waren in der Landwirtschaft und Dienstleistung tätig, wohingegen Katholiken häufig Fabrikarbeiter waren. Speziell gesehen handelte es sich bei den meisten Katholiken in Witten also hauptsächlich um Fabrikarbeiter und Handwerker und nur wenige waren Angestellte und Beamte. Die soziale Struktur war also relativ homogen, so dass es ein dichtes katholisches Milieu in Witten gab. Dies führte, ähnlich wie bei den Juden, zu einer Isolierung nach außen. Auffällig ist, dass sich die katholische Bevölkerung Wittens um die katholische Marienkirche konzentrierte, in deren angelegenen Straßen die meisten Katholiken wohnten. Aus diesem Grund wurde dieser Stadtbereich von Außenstehenden "Negerdorf" genannt.[141] Es lässt sich also feststellen, dass die katholische Bevölkerung Wittens, ähnlich wie die jüdische, teilweise isoliert, wenn nicht sogar ghettoisiert war und selbst Unterdrückungsprobleme zu bewältigen hatte. Dennoch oder gerade deswegen lehnte die katholische Kirche in Witten den

139 Zitiert nach: Das Kreuz Christi und das Hakenkreuz. Eine internationale Erklärung sozialistischer Vereinigungen, in: Barbian, J.: Juden im Ruhrgebiet.

140 Vgl. Schoppmeyer, H. (Hrsg.): Geschichte der Pfarrgemeinde St. Marien zu Witten, 31.

141 Vgl. Ebd., 86.

Nationalsozialismus überwiegend ab. Im Jahre 1931 hatte die Wittener Volkszeitung eine gemeinsame Kundgebung der Bischöfe Paderborns veröffentlicht. In dieser wurde das Hakenkreuz als Kampfzeichen gegen das Kreuz Christi interpretiert. Des Weiteren wurde in diesem Artikel bedauert, dass der Nationalsozialismus eine so große Anhängerschaft gefunden habe, zumal dieser mit den Mittel der Irreführung arbeite. Deshalb sei es von katholischer Seite aus notwendig nun Stellung zu beziehen. Zudem sei die Forderung des NSDAP Parteiprogramms „Freiheit aller religiösen Bekenntnisse, soweit sie nicht gegen das Sittlichkeitsgefühl der germanischen Rasse verstoße“ eindeutig gegen die christlichen Grundsätze gerichtet. Denn mit dieser Aussage würde eine Rasse zum Richter über Gottesoffenbarung gemacht.[142] Indem die Katholiken Wittens sich inhaltlich auf diese Weise gegen den Nationalsozialismus wandten, ist anzunehmen, dass sie zugleich die Unmöglichkeit der Verurteilung einer sogenannten jüdischen Rasse erkannten. Die Katholiken in Witten handelten auch dementsprechend, indem nur ca. höchstens 16 Prozent die NSDAP wählten. Als 1933 eine katholische Presse in Witten nicht mehr vorhanden war bzw. katholische Zeitungen dem Zwang der Nationalsozialisten erlegen waren, wehrte sich die katholische Kirche durch die Verteilung von Flugblättern, die vermutlich in der Marienkirche auslagen. Die Flugblätter thematisierten Religion und Weltanschauung sowie Dogmenglaube und Rassegefühl. In der Mariengemeinde wurde auch die Enzyklika „Mit brennender Sorge“ durch Abschriften per Schreibmaschine verteilt. Die Enzyklika verurteilte die Politik und Rassenideologie der Nationalsozialisten. Des Weiteren gab es einzelne katholische Geistliche, die als Person Widerstand gegen den Nationalsozialismus leisteten. Als Beispiel sind der Annener Pfarrer Wilhelm Plettenberg, der beim Tod des Gauleiters nicht entsprechend flaggte, sowie der Bommeraner Vikar Husemann der u.a. Predigten von Kardinal von Galen verteilte, zu nennen. Außerdem warnte Pfarrer Plettenberg die katholische Jugend vor Rosenbergs “Mythos des 20. Jahrhunderts“.[143] In diesem politischen Buch werden Ansätze einer Rassentheorie benutzt, um die Vorstellung von einer besonderen „Rassenseele“ sowie einer „Religion des Blutes“ zu einem politisch und religiös ausgerichteten Glaubenskonzept zu verbinden. Es ist anzunehmen, dass Plettenberg somit die jüdische Rassenideologie ablehnte.

[142] Vgl. Schoppmeyer, H. (Hrsg.): Geschichte der Pfarrgemeinde St. Marien zu Witten, 128.
[143] Vgl. Ebd., 107.

Alles in allem verhielt sich die katholische Kirche in Witten widerständig. Inwieweit die jüdischen Bürger durch die Katholiken in Witten direkte Unterstützung erfuhren, kann nicht genau gesagt werden. Allerdings hieß es in den Statuten des katholischen Marienhospitals: „In demselben, welches den Namen Marienhospital führt, können alle heilbaren Kranken ohne Unterschied der Konfession aufgenommen werden.“[144] Hier ist zwar nur von Konfessionen die Rede, doch dies wurde in der Reichspogromnacht auf Religionen erweitert. Eindeutig erfuhren die jüdischen Bürger in der Nacht Hilfe durch die Ärzte des Marienhospitals, welches die geschundenen, geschlagenen und verletzten Juden in der Pogromnacht in Witten aufnahm und Behandlung zuteilwerden ließ.

Außerdem berichtet der jüdische Lehrer und Kantor Jacob Ostwald von engen Freundschaften zu Katholiken: „Ich hatte viele Freunde in Witten, [...], doch mit größter Liebe denke ich an meinen Freund Dr. Zerlang [...].[145] Herr Zerlang war Rektor des damaligen Realgymnasiums und Katholik, welcher die Freundschaft zu Jacob Ostwald trotz Widerstände aufrecht hielt. So berichtet Ostwald weiter über Dr. Zerlang: „Er bekämpfte den Antisemitismus ebenso wie die Belästigung der Katholiken. Er bestand beispielsweise darauf, in meiner Begleitung durch die Stadt zu gehen, was die Antisemiten wütend machte [...].[146]

Im Gegensatz zu der Mehrheit der Wittener Katholiken, sympathisierten die meisten Protestanten mit dem Nationalsozialismus. Dementsprechend hatten sich in Witten viele Protestanten der Glaubensbewegung "Deutsche Christen“ angeschlossen. Diese Strömung der "Deutsche Christen“ war rassistisch und antisemitisch orientiert und wollte den Protestantismus an die Ideologie des Nationalsozialismus angleichen.

Allerdings gab es in Witten auch auf protestantischer Seite Widerstand von den sogenannten Freunden des Alten Glaubens gegen die "Deutschen Christen“. Insgesamt waren die evangelischen Gemeinden in Witten jedoch in die Hand der "Deutschen Christen“ geraten, so wurde die Wahlmehrheit der "Deutsche Christen“ von 58,3 Prozent der Stimmen in den Vororten teils noch übertroffen.[147]

Zudem kam der schon erwähnte Hofprediger Adolf Stöcker, der sich als bekennender evangelischer Theologe auch in Witten in seinen Predigten in aller Schärfe gegen die

[144] Ebd., 102.
[145] Stadt Witten (Hrsg.): "Um Spott und Hohn der Wittener loszuwerden ...“, 80.
[146] Ebd., 83.
[147] Vgl. Schoppmeyer, H.: Witten. Geschichte von Dorf, Stadt und Vororten, 126.

Juden und den sogenannten verjudeten Großkapitalismus wandte. Auch war das evangelische Diakonissenkrankenhaus in den späteren Kriegsjahren an der Euthanasie beteiligt.

Zusammenfassend lässt sich an dieser Stelle sagen, dass die katholische Kirche in Witten im Gegensatz zur evangelischen dem Nationalsozialismus und damit auch dem Antisemitismus überwiegend ablehnend gegenüberstand. Die Ursache dessen ist vermutlich in der geschichtlichen Situation und dem Verhältnis der Katholiken zum preußischen Staat einerseits und in ihrer Außenseiterrolle in Witten andererseits zu finden. Erst im Nachkriegsdeutschland entstand allmählich ein konfessionsübergreifender christlich-jüdischer Dialog. So entstanden seit 1948 in mehreren Städten der amerikanischen Besatzungszone die ersten Gesellschaften für eine christlich jüdische Zusammenarbeit.

Wie aber ist es der jüdischen Gemeinde in Witten nach Ende des Zweiten Weltkrieges ergangen?

6. Jüdisches Leben in Witten nach 1945

Der Wiederaufbau jüdischer Gemeinden nach der Schoah in Westfalen erfolgte generell wie in anderen Teilen Deutschlands nur allmählich und unter schwierigen Bedingungen. Die jüdischen Gemeinden, welche schließlich in einzelnen deutschen Städten, auch im Ruhrgebiet, in bescheidenem Umfang wiedererstanden konnten und können auch heutzutage keine Fortsetzung derjenigen deutsch-jüdischen Beziehungsgeschichte sein, die 1933 zerbrochen ist.

Eine Anknüpfung an die ehemals bestandene Gemeindetradition, war nach dem, was in den Jahren des Nationalsozialismus geschehen war, auf jeden Fall sehr schwer. So waren die ehemaligen jüdischen Gemeindemitglieder fast aller Gemeinden in Deutschland, sofern man sie nicht ermordet hatte in alle Welt zerstreut und die Synagogen im Ruhrgebiet waren zum allergrößten Teil, mit Ausnahme der Essener Synagoge, zerstört. Nur langsam konnte sich wieder jüdisches Leben einstellen, zuerst durch die Überlebenden der Konzentrationslager und diejenigen, die versteckt waren, später dann auch durch Zuwanderer.

Sowohl durch die Überlebenden der Schoah und nun wieder heimkehrenden Juden, als auch die aus den Verstecken auftauchenden Juden entstanden die ersten jüdischen

Gemeinden im Nachkriegsdeutschland. Diese entstanden spontan, ohne gegenseitige Abstimmung und zunächst auch ohne klares Konzept. Nach Kriegsende kam es in Dortmund zur ersten Wiedergründung einer jüdischen Kultusgemeinde. Bis Januar 1946 bildeten sich in Bielefeld, Bochum, Gelsenkirchen, Hamm, Herford, Herne, Lemgo, Minden, Paderborn, Siegen, Warburg und auch in Witten weitere Kultusgemeinden.[148] Zunächst bestanden die Hauptaufgaben der Gemeinden in der Betreuung ihrer Mitglieder und in der Vertretung der Gemeindeinteressen gegenüber der Besatzung. Jedoch waren die Gemeinden mit der Lösung der enormen sozialen und materiellen Probleme stark überfordert, so dass eine Zusammenarbeit der Gemeinden notwendig wurde und ein Landesverband jüdischer Gemeinden in Westfalen und Nordrhein entstand. Dessen Aufgabe war die Organisation von Wohlfahrts- und Rehabilitationsmaßnahmen für die Gemeindeangehörigen.

Trotz allem fand jedoch bei der Mehrheit der deutschen Bevölkerung eine Auseinandersetzung mit der Vergangenheit nicht statt, geschweige denn eine Annäherung an die jüdische Bevölkerung. Vielmehr war man mit dem Wiederaufbau im Allgemeinen beschäftigt. Zudem gab es sogar noch vielfache Schändungen jüdischer Friedhöfe, antisemitische Äußerungen und eine häufig mangelnde Sensibilität im Umgang mit den jüdischen Überlebenden weit über das Jahr 1945 hinaus.[149]

Wie sah nun die Situation nach 1945 in Witten aus? Die Wittener Synagoge wurde in der Reichspogromnacht 1938 in Brand gesteckt und zerstört. Die Trümmer des Brandes wurden nach dem Krieg gesprengt und auf dem Gelände wurde zunächst ein Löschteich angelegt. Anfang der 1950er Jahre wurde das Grundstück der Jewish Trust Corporation zugesprochen. Diese wiederum verkaufte 1955 das Grundstück an einen Privatmann, dessen Name nicht genannt wurde. Dieser errichtete auf dem Grundstück ein Wohnhaus, das bis in die Gegenwart erhalten ist.

Nur wenige Juden kehrten nach dem Zweiten Weltkrieg nach Witten zurück. Allein die Familie Wilzig veröffentlichte in den "Amtlichen Bekanntmachungen" 1945 die Mitteilung, dass sie in der Zeit des Nationalsozialmus 24 Angehörige verloren habe. Im Jahre 1949 zählte die jüdische Gemeinde in Witten nur noch 21 Mitglieder.

---

[148] Vgl. Zieher, J., Jüdisches Leben nach 1945, in: Freund, S. (Hrsg.): Historisches Handbuch der jüdischen Gemeinschaften in Westfalen und Lippe. *Grundlagen -Erträge-Perspektiven, Münster* 2013, 298.

[149] Vgl. Ebd., 304.

Gemeinde	1949[78]	1955[79]	1958[80]	1961[81]
Ahlen	18	–	–	–
Bielefeld	71	76	60	65
Bochum	41	–	–	–
Bochum-Herne-Recklinghausen (ab 1953)	–	87	86	76
Detmold	51	38	32	37
Dortmund	186	277	364	403
Gelsenkirchen	85	95	117	110
Hagen	120	94	89	86
Hamm	16	–	–	–
Herford	34	40	42	28
Herne	30	–	–	–
Lemgo	25	–	–	–
Minden	41	33	34	38
Münster	67	99	107	128
Paderborn	46	46	52	55
Recklinghausen	19	–	–	–
Siegen	17	–	–	–
Warburg	55	–	–	–
Witten	21	–	–	–
Gesamtwestfalen	943	885	983	1026
Altersdurchschnitt	k. A.	48,3 Jahre	47,5 Jahre	46,2 Jahre

(Abb. 36 Übersicht über die Mitglieder der jüdischen Gemeinden in Nordrhein-Westfalen)[150]

Nach jüdischem Brauch bedarf es einer bestimmten Anzahl von Männern zur Durchführung eines Gottesdienstes, da diese nun nicht mehr vorhanden waren, schloss sich die jüdische Gemeinde Witten, gemeinsam mit den Gemeinden Hamm und Siegen, im Jahr 1952/1953 der jüdischen Gemeinde Dortmund an.[151] Diese änderte aufgrund des vergrößerten Einzugsbereiches ihren Namen in jüdische Kultusgemeinde Groß-Dortmund, wie sie auch gegenwärtig noch heißt. In den ersten Jahren nach dem Krieg war Fritz Grünebaum, der das Ghetto Theresienstadt überlebte, in der Gemeinde Dortmund Sprecher der Wittener Juden und vertrat deren Interessen.

Die Dortmunder Kultusgemeinde verzeichnete in den 1980er Jahren einen Anstieg ihrer Mitgliederzahlen, obwohl in den meisten jüdischen Gemeinden in Westfalen die

[150] Freund, S. (Hrsg.): Historisches Handbuch der jüdischen Gemeinschaften in Westfalen und Lippe, 307.

[151] Vgl. Göttmann, F. (Hrsg.): Historisches Handbuch der jüdischen Gemeinschaften in Westfalen und Lippe, 817.

Zahlen zu diesem Zeitpunkt sanken. Im Zuge der politischen Umwälzungen in Ost-Südeuropa im Jahre 1990 haben die jüdischen Gemeinden in Deutschland, so auch die Dortmunder, durch Juden aus Osteuropa einen immensen Mitgliederzuwachs erlebt. Die Dortmunder Gemeinde entwickelte für ihre Mitglieder nun ein umfangreiches kulturelles, soziales und religiöses Angebot, an dem vermutlich auch die heute ca. 100 in Witten lebenden Juden teilnehmen.[152] Nähere Informationen zu den heutigen Wittener Juden sind nicht bekannt.
Die gegenwärtig noch bestehenden jüdischen Friedhöfe in Witten sind zur Zeit im Besitz des Landesverbandes der jüdischen Gemeinden von Westfalen-Lippe und werden gepflegt durch das Wittener Friedhofsamt. Über den Ort der Bestattungen der heute in Witten lebenden Juden liegen ebenfalls keine Informationen vor.

6.1 *Gedenken in der Gegenwart*

Gedenken kann für unterschiedliche Menschen sowie für Menschen der verschiedenen Religionen eine unterschiedliche Bedeutung haben. Je nachdem in welcher Beziehung diejenigen auch zu dem Gedenkenden stehen. Gedenken an die jüdische Gemeinde in Witten meint einerseits ein öffentliches Erinnern an diese Gemeinde, andererseits sicherlich auch sich persönlich mit der Gemeinde bzw. dem Lebens- und Leidensweg der Juden in Witten zu befassen. Erinnern und Lernen fallen hier zusammen. Aus der Vergangenheit zu lernen ist wichtig, um einer Wiederholung der Schoah vorzubeugen. Gedenkstätten für die jüdischen Opfer des Nationalsozialismus sind auch Orte der Trauer für die Ermordeten. Orte zu denen auch deren Angehörige aufgrund ihrer Trauer zurückkehren. Auch in Witten wurden Tafeln und Denkmäler zum Gedenken errichtet sowie Veranstaltungen diesbezüglich initiiert. Allerdings ist festzustellen, dass die Beschäftigung mit der Schoah, deren Opfern und der Aufarbeitung des Schicksals der jüdischen Gemeinde in Witten erst relativ spät, über 20 Jahre nach Kriegsende, begonnen wurde.
Eine erste Initiative wurde 1966 ergriffen, als die Stadt Witten erstmalig eine Besucherreise von Wittener Schülern nach Israel förderte. Aus dieser Aktion bildete sich ein seit 1980 bestehender, eingetragener Verein der "Freunde der Israelfahrer". Weiterhin entwickelte sich eine Städtepartnerschaft zwischen Witten und Lev

[152] Vgl. http ://de.wikepedia.org/wiki/Jüdisches_Leben _ (abgerufen am 22.03.2018)

Hasharon. Im Jahr 1979 beschloss der Rat der Stadt Witten Richtlinien zur Förderung der Besuchsreisen von zwischen 1933 und 1945 „aus rassischen, religiösen oder politischen Gründen ins Ausland vertriebenen oder geflüchteten“ Bürgern Wittens.[153] Von kirchlicher Seite fand die erste Gedenkveranstaltung 1972 statt, als Titularbischof Schilling zum Todestag des konvertierten Franziskanerpaters Rosenbaum, der in Auschwitz ermordetet wurde, eine Bischofsmesse in der katholischen St. Franziskuskirche in Witten-Heven feierte. Interessant ist, dass das erste Gedenken wiederum von katholischer Seite kam.

Des Weiteren fanden einige Straßenumbenennungen statt, so wurde die „Kurze Straße“ in der sich die Synagoge befand, 1979 in „Synagogenstraße“ umbenannt. An der Stelle der damaligen Synagoge steht heute ein Mahnmal mit folgender Aufschrift: „In der Nacht vom 9. auf den 10. November 1938 wurde die Synagoge von SA-Trupps zerstört und die jüdischen Frauen, Männer und Kinder drangsaliert. Die Mehrheit der Wittener Bevölkerung sah dem Unrecht stillschweigend zu. Dieser Pogrom war der Auftakt zur sogenannten Endlösung und bedeutete das Ende der hiesigen jüdischen Gemeinde, deren Mitglieder von den Nationalsozialisten aus ihrer Heimatstadt vertrieben oder in Konzentrationslager verschleppt und ermordet wurden.“[154]

(Abb. 37 Mahnmal Synagogenstraße in Witten)[155]

[153] Vgl. Göttmann, F. (Hrsg.): Historisches Handbuch der jüdischen Gemeinschaften in Westfalen und Lippe, 818.

[154] Eigene Aufnahme

[155] Eigene Aufnahme

Auf der anderen Seite des Mahnmals ist die Inschrift in hebräischer Sprache abgefasst. Weitere Straßen, die an die jüdischen Bürger in Witten erinnern, sind: Rebecca-Hanf Straße, Rosi-Wolfstein-Straße, Rosa Stern Weg und der Rosenthal Ring. Der Rosenthal Ring erinnert im heutigen Neubaugebiet an die mehr als 30 Jahre dort ansässigen Geschäftsleute Laura und Hugo Rosenthal, Rosa Stern wurde nach Theresienstadt deportiert und verstarb in Auschwitz.

Auf den jüdischen Friedhöfen in Witten wurden ab 1981 Gedenksteine eingerichtet und Mahnwachen zum 9. November gehalten. Außerdem wurde 1986 die „Deutsch-Israelische Gesellschaft Arbeitsgemeinschaft Witten" gegründet. Durch diese werden lokale und regionale Projekte zur jüdischen Geschichte und Besuche von Nachkommen ehemaliger jüdischer Bürger Wittens gefördert. Insgesamt wurde seit 1988 das Schicksal der Juden in Witten unter dem Nationalsozialismus erforscht. Seit 1996 finden am Holocaust Gedenktag in Witten regelmäßig Gedenkveranstaltungen statt. Dabei ist jedoch darauf zu achten, dass diese nicht zur Routineveranstaltungen verkommen.

Weiterhin sollen Stolpersteine an die jüdischen Bürger Wittens erinnern. Diese Gedenksteine sind in den Straßenboden vor dem letzten Wohnort der jüdischen Bürger eingelassen. In Witten werden, angeregt durch den Heimatverein Herbede, seit 2014 Stolpersteine verlegt. Momentan gibt es in ganz Witten Stolpersteine, die an folgende jüdische Bürger bzw. an deren Familien erinnern: Familie Hanf, Gretchen Rosenthal, Familie Sommer, Joseph Lotte, Felix Joseph, Familie Klein, Ehepaar Strauß und Stern, Familie Ühlhaus und Schlachter, Iwan und Grete Fulda, Paul und Anna Benjamin, Adolf Fuchs, Christian Bliemetsrieder, Familie Smulowicz, Anna und Marianne Marx, Elisabeth Vankelcom, Wilhelm Ermann, Familie Grünebaum und Rosengarten, Laura und Huga Rosenthal, Paul und Helene Stern, Rosa Rosenbaum, Nelli Katz, Gustav Eichenwald, Max Meyer, Samuel und Betty Leiser, Familie Neugarten, Erich Reising, David Wilzig, und Rosalie Wilzig.[156]

Zuletzt erinnern Zeitungsartikel der Westdeutschen Allgemeinen Zeitung aus den Jahren 2017 und 2018 die Wittener Bevölkerung in der Gegenwart an das jüdische Leben und das Schicksal der jüdischen Gemeinde in Witten. In einem Artikel im November sind Erinnerungen älterer Wittener Bürger an die Reichspogromnacht

[156] Vgl.: Stadtarchiv Witten, Kulturforum Witten in Kooperation mit dem „Arbeitskreis Stolpersteine in Witten" (Hrsg.): Stolpersteine in Witten, Witten 2016, 10.

aufgenommen. Ein anderer Artikel fordert die Leser dazu auf, sich an das ehemalige jüdische Kaufhaus und dessen Geschichte zu erinnern. [157] Doch ist die Erinnerung alles was bleibt?

7. Resümee und Ausblick

Nach der Einleitung zur jüdischen Geschichte als Bestandteil des Ruhrgebiets im Allgemeinen und einer kurzen Beschreibung der Stadt Witten wurde in Kapitel 2 der Emanzipationsprozess der jüdische Gemeinde in Witten bis zum Beginn des Nationalsozialismus dargestellt.

Daraufhin folgte eine Darstellung der Verfolgungsgeschichte der Juden in Witten in der Zeit zwischen 1933 und 1945, welche in der Schoah gipfelte.

Zugleich wurde ein Blick auf das Verhalten der damaligen örtlichen, christlichen Bevölkerung in Bezug auf die jüdischen Mitbürger in Kapitel 4.4 geworfen. So war an dem Prozess der "Arisierung", Denunzierung und Vernichtung der jüdischen Gemeinde ein Großteil der Wittener Gesellschaft in der ein oder anderen Form verstrickt. Sogar die Kirche, vor allem die evangelische, war nicht unbeteiligt.

Die jüdische Gemeinde in Witten bestand nahezu 140 Jahre, bis sie sich der Gemeinde Großdortmund 1952/1953 anschloss. Was dazu führte und wie das jüdische Leben nach 1945 aussah, wurde abschließend in Kapitel 4 erläutert. Heute erinnern Gedenkveranstaltungen und Mahnmale an das ehemals florierende jüdische Leben. Die jüdischen Friedhöfe in Witten stellen das einzige, übrig gebliebene bestehende Zeugnis der jüdischen Gemeinde dar.

Alles in allem wurde in dieser Arbeit die Geschichte der jüdischen Gemeinde in Witten, soweit wie es in diesem Rahmen möglich war, dargestellt.

Im Folgenden soll kurz auf die Sachverhalte eingegangen werden, die noch ausstehen, z. B. eine explizite Aufarbeitung der Religiosität und Kultur der jüdischen Gemeinde Wittens. Eine genauere Betrachtung beispielsweise der hebräischen Grabinschriften könnte detailliert Aufschluss über die religiösen Einstellungen der jüdischen Bürger geben. Durch eine genaue namentliche Erfassung der jüdischen Opfer kann ein Zeichen gegen das Vergessen gesetzt werden. So wurden erst vor kurzem in Witten Nachforschungen über einen Folterkeller im ehemaligen Schillerlyzeum angestellt.

---

[157] Vgl. WAZ, Funke Medien-Gruppe, Ausgabe Witten, Lokalteil, 13. November 2017.

Die SS und SA verhafteten damals ihre Gegner und verschleppten sie in den Keller des heutigen Gymnasiums. Wurden hier möglicherweise auch noch weitere Juden gefoltert und getötet?
Auch wäre es interessant, genauere Informationen über die Täterschaft in Witten einzuholen und so einmal eine andere Perspektive als die der Opfer zu beschreiben.
Ein Blick auf die Situation der Gegenwart kann ebenfalls aufschlussreich sein im Hinblick auf das jüdische Leben in Witten. Leider ist über das Leben der gegenwärtigen jüdischen Bürger Wittens lediglich bekannt, dass sie der Kultusgemeinde Großdortmund zugehörig sind. Allerdings sind bisher keine Informationen über die genaue Zahl der Juden in Witten, deren Namen, Wohnorte und Religiosität zu verzeichnen, so dass eine Kontaktaufnahme bisher nicht möglich war. Ein Austausch würde gewiss eine immense Bereicherung darstellen und wahrscheinlich neue Perspektiven eröffnen. Auch die Erforschungen und ein Vergleich des ehemaligen Wittener und gegenwärtigen Dortmunder Gemeindelebens wären von Interesse.
Auch wenn der Bau der Synagogen in einigen Städten des Ruhrgebiets positive Veränderungen für die jüdischen Gemeinden mit sich gebracht hat, besteht dennoch häufig zumindest ein latenter Antisemitismus, welcher durch die große Anzahl von Flüchtlingen im Ruhrgebiet aus den mit Israel verfeindeten Ländern möglicherweise verstärkt wird. Folglich ist heutzutage die Kontaktaufnahme zu jüdischen Bürgern und Gemeinden oft generell schwierig, da Sicherheitsmaßnahmen getroffen werden.
Doch das Judentum in Deutschland und auch besonders auch in der Multikulturalität des Ruhrgebiets muss sichtbar bleiben, einer Abschottung und dem Antisemitismus sind entgegenzuwirken am besten von Muslimen, Christen, Juden und Atheisten gemeinsam. Es gilt die Chance zu nutzen und ein zukunftsfähiges Verhältnis zwischen den Religionen zu schaffen.

<u>**Literaturverzeichnis**</u>

Barbian, Jan-Pieter.; Brocke, Michael; Heid, Ludger (Hrsg.): Juden im Ruhrgebiet. *Vom Zeitalter der Aufklärung bis in die Gegenwart*, Essen 1999.

Deutsche Bischöfe (Hrsg.): (Die) **Bibel**. Einheitsübersetzung, Stuttgart 1999.

Birkmann, Günter; Stratmann, Hartmann: Bedenke vor wem du stehst. *300 Synagogen und ihre Geschichte in Westfalen und Lippe,* Baden-Baden 1998.

Dahlmann, Hans-Christian: Arisierung und Gesellschaft in Witten. *Wie die Bevölkerung einer Ruhrgebietsstadt das Eigentum ihrer Jüdinnen und Juden übernahm,* Berlin 2007.

Freund, Susanne (Hrsg.): Historisches Handbuch der jüdischen Gemeinschaften in Westfalen und Lippe. *Grundlagen -Erträge-Perspektiven*, Münster 2013.

Göttmann, Frank (Hrsg.): Historisches Handbuch der jüdischen Gemeinschaften in Westfalen und Lippe. *Die Ortschaften und Territorien im heutigen Regierungsbezirk Arnsberg,* Münster 2016.

Hagedorn, Rudolf (Hrsg.): Gemeinden leben im Widerspruch. *Chronik - Erinnerungen - Profile aus den katholischen Kirchengemeinden in Hagen,* Paderborn 1999.

Haren, Gerrit: Geschichte der Stadt Witten von der Urzeit bis zur Gegenwart., Witten 1924.

Jahrbücher VfOHW, Band 87, Witten 1989.

Kaufhold, Barbara: Juden in Mülheim an der Ruhr, Essen 2004.

Keller, Manfred: „So viel Aufbruch war nie ...“: *Neue Synagogen und jüdische Gemeinden im Ruhrgebiet. Chancen für Integration und Dialog*, Berlin 2011.

Liedel, Herbert; Helmut, Dollhopf (Hrsg.): Haus des Lebens. *Jüdische Friedhöfe,* Würzburg 1985.

Moll, Helmut (Hrsg.): Zeugen für Christus. *Das deutsche Martyrologium des 20. Jahrhunderts*, Paderborn 1999.

Pott, Friedrich Wilhelm: Geschichte der Stadt Witten, Witten 1924.

Pracht-Jörns, Elfi: Jüdisches Kulturerbe in Nordrhein-Westfalen, Köln 2005.

Reicher, Benno: Jüdische Geschichte und Kultur in NRW, Duisburg 1988.

Richarz, Monika (Hrsg.): Jüdisches Leben in Deutschland. *Selbstzeugnisse zur Sozialgeschichte 1780-1871*, Stuttgart 1976.

Richarz, Monika (Hrsg.): Jüdisches Leben in Deutschland. *Selbstzeugnisse zur Sozialgeschichte im Kaiserreich*, Stuttgart 1979.

Richarz, Monika (Hrsg.): Jüdisches Leben in Deutschland. *Selbstzeugnisse zur Sozialgeschichte 1918-1945*, Stuttgart 1982.

Schoppmeyer, Heinrich: Witten. Geschichte von Dorf, Stadt und Vororten. *Zweiter Band Geschichtliche Umbrüche, Kontinuitäten und beschleunigter Wandel in den vergangenen einhundert Jahren*, Witten 2012.

Schoppmeyer, Heinrich (Hrsg.): Geschichte der Pfarrgemeinde St. Marien zu Witten. *Festschrift aus Anlaß des einhundertfünfzigjährigen Bestehens der katholischen Pfarrgemeinde St. Marien zu Witten*, Witten 1996.

Sobotka, Bruno: Witten an der Ruhr: *Aus Vergangenheit und Gegenwart*, Witten 1995.

Stadt Witten (Hrsg.): „... und vergessen kann man das nicht“ *Wittener Jüdinnen und Juden unter dem Nationalsozialismus*, Witten 1991.

Stadt Witten (Hrsg.): “Um Spott und Hohn der Wittener loszuwerden ...“. *Erinnerung des jüdischen Lehrers und Kantors Jacob Ostwald 1863 – 1910*, Witten 1994.

Stadtarchiv Herbede, ABA 362

Stadtarchiv Münster, Archivbestand, 3702-3704

Stadtarchiv Witten: Urkunde über die Geschichte der jüdischen Gemeinde zu Witten und den Bau ihres neuen Tempels.

WAZ, Funke Medien-Gruppe, *Ausgabe Witten*, Witten 2017.

Westfälische Reform, Nr. 48, Dortmund 1886.

Printed by Books on Demand GmbH, Norderstedt / Germany